"Im Traum kam ich zu einem Berg inmitten des Meeres
und trat ein in einen Palast aus weißem Silber.
Ich begegnete einem taoistischen Weisen
der sich als Li Pa-po bezeichnete.

Drei oder vier junge Unsterblichkeitsmädchen
in lapislazulifarbenen Gewändern
hielten Bälle in den Händen, irisierend wie Monde,
um damit nach den goldenen Pfirsichen zu werfen.

Weiß schimmernd war das Land und ohne allen Staub,
so ging ich denn weiter und kam an das Ufer eines
edelsteinklaren Sees.
Unter den üppig wachsenden Langlebensbäumen kroch dort
ein weißer Drache hervor,
um das [fremde] menschliche Wesen zu beschnüffeln.

Die Paläste und Hallen, hoch übereinandergetürmt,
verloren sich in purpurnem Dunst.
In golden [eingefaßten] Wasserläufen über Jadesand
plätscherte fünffarbenes Wasser.
Die Torhüter und die Unsterblichkeitsmädchen schliefen
friedlich Seite an Seite,

doch als ich heimlich einen Pfirsich von dem krummen
Baume pflücken wollte,
fiel ich plötzlich und brach mir beinahe den Hals."

Kuan Hsiu, "Meng yu-hsien" (9. Jahrhundert)
übersetzt von Wolfgang Bauer
in "China und die Hoffnung auf Glück.
Paradiese, Utopien, Idealvorstellungen"
© 1971 Carl Hanser Verlag München

Rainer Dattke

Der unterbuchte Juniflug

Ein Kammerspiel

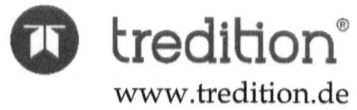
www.tredition.de

© 2017 Rainer Dattke

Verlag und Druck:
tredition GmbH, Grindelallee 188, 20144 Hamburg

ISBN
Paperback: 978-3-7439-4113-7
Hardcover: 978-3-7439-4114-4
e-Book: 978-3-7439-4115-1

Das Werk, einschließlich seiner Teile, ist urheberrechtlich geschützt. Jede Verwertung ohne Zustimmung des Verlages und des Autors ist unzulässig. Dies gilt insbesondere für die elektronische oder sonstige Vervielfältigung, Übersetzung, Verbreitung und öffentliche Zugänglichmachung.

V. 1.01

Aufstellung

ERSTER TEIL. AUS EUROPA.

Erster Akt. 9
Wartesaal im Flughafen einer
mitteleuropäischen Großstadt.
Neunzehnter Juni, Abend.

Zweiter Akt. 39
Im Flugzeug auf dem Weg
nach Guangzhou (Kanton).
Zwanzigster Juni.

ZWEITER TEIL. IN CHINA.

Dritter Akt. 113
Wartesaal im Flughafen Guangzhou (Kanton).
Einundzwanzigster Juni, Mittagszeit.

Vierter Akt. 137
Im Flugzeug auf dem Weg nach Jinan.
Einundzwanzigster Juni, Nachmittag.

Fünfter Akt. 187
Warteraum im Flughafen Jinan.
Einundzwanzigster Juni, Nachmittag.

Personen

Agnes Bening

Joshua Simjamin

Fielder Pauli
Robert Pawo
Friederike Brecht

Jim Fischer

Albert Dudas

Isabel McPhail

Gabriele Menck

Angestellte im Flughafen
europäische Stewardess
chinesische Stewardess

ERSTER TEIL.
AUS EUROPA.

Erster Akt.

Das Bühnenbild zeigt einen Wartesaal im Flughafen einer mitteleuropäischen Großstadt am Abend des neunzehnten Juni, eines Montags. Der große, rechteckige Raum ist ausgestattet mit langen Stuhlreihen, die durch ihre streng geometrische Anordnung einen Eindruck großzügiger, aber unpersönlicher Weite vermitteln. Hinten und seitlich ist der Raum von fensterlosen Wänden begrenzt. In der linken Wand befindet sich die Tür zum Flugplatzvorfeld, in der rechten Wand befindet sich die Eingangstür. Beide Türen sind zunächst geschlossen. Nach vorn (zum Publikum hin) ist der Wartesaal offen, gewährt Wartenden einen freien Blick auf Start- und Landefeld.

Rechts direkt am Eingang steht ein Kundenabfertigungsschalter quer zur Seitenwand, auf diesem ein Computerterminal mit Monitor, nach hinten gerichtet. Außerdem ein Mikrofon. Der Abfertigungsschalter ist mit einem Schild 'Boarding Area' gekennzeichnet.

Im Saal stehen mehrere Abfallbehälter ('Litter') und eine halboffene Telefonzelle ('International'). An den Wänden sind 'No Smoking'-Symbole angebracht, die linke Tür trägt den Hinweis 'Emergency Exit'. In der Mitte des Saals steht ein Regal, in dessen Fächern verschiedene Tageszeitungen ausliegen. Der Großteil der Fächer allerdings ist leer; einige benutzte Zeitungen liegen auf den Sitzen verstreut – zurückgelassen von einer offenbar beträchtlichen Anzahl Reisender, die bereits abgeflogen sind.

Anfangs ist der Saal menschenleer. Dann wird die linke Tür geöffnet, es tritt die Flughafenangestellte ein. Sie sieht sich flüchtig um, sammelt nun rasch die herumliegenden Zeitungen ein. Einzelne davon sortiert sie zurück in die Fächer des Regals in der Saalmitte, alle anderen wirft sie in die Abfallbehälter. Anschließend geht sie hinter den Kundenabfertigungstisch, bedient routiniert den Computer und starrt für einige Sekunden auf den Monitor. Sie nickt kurz dem Monitor zu, beugt sich zum Mikrofon, drückt einen Knopf. Ihre folgenden Worte werden über Lautsprecher verstärkt.

ANGESTELLTE. Die Passagiere des Flugs null eins neun nach Kanton werden gebeten, sich am Flugsteig B fünfundvierzig einzufinden. Passagiere des Flugs null eins neun nach Kanton, bitte finden Sie sich am Flugsteig B fünfundvierzig ein.

Sie verlässt den Schalter, schreitet zur rechten Tür, öffnet diese.

ANGESTELLTE. Bitte treten Sie ein. Sofern Sie sich noch nicht im Besitz einer Platzkarte befinden, möchten Sie bitte den Reisenden mit Platzkarte den Vortritt lassen.

Sie kehrt hinter den Schalter zurück.

Als erster Fluggast erscheint Agnes Bening, eine freundliche, ausgeglichene Frau von vierundzwanzig Jahren. Sie hat kurze, dunkle Haare, trägt T-Shirt, helle Jeans und Sandalen. Unter ihren rechten Arm hat sie einen Strickpullover geklemmt, ihre linke Hand hält ein asiatisches, hübsch gearbeitetes Bastköfferchen, das die junge Frau vor dem Kundenschalter zwischen ihre Füße auf den Boden abstellt. Agnes wirkt natürlich und aufgeschlossen.

AGNES. Guten Abend. *(Sie legt ihren Reisepass auf den Tisch, blickt dann der Flughafenangestellten freundlich entgegen.)*

ANGESTELLTE *(ebenso freundlich lächelnd).* Ihr Ticket, Frau Bening?

AGNES *(gibt sich andeutungsweise einen Klaps gegen die Stirn).* Ach, das Ticket. Einen Moment, bitte. *(Sie öffnet ihr Bastköfferchen, entnimmt Bordkarte und Ticket.)*

ANGESTELLTE *(nimmt die Papiere entgegen).* Vielen Dank. – Sie haben vor dem Vierten Juni gebucht?

AGNES. Im Februar, ja.

ANGESTELLTE *(förmlich).* Sie wissen, dass Sie wegen der besonderen Umstände noch zurücktreten könnten? Meine Fluggesellschaft würde Ihnen den Ticketpreis voll erstatten.

AGNES *(strahlend).* Ich will bestimmt nicht zurücktreten.

ANGESTELLTE *(erleichtert).* Gut. *(Sie reicht Agnes das Ticket zurück; Agnes sammelt ihre Papiere wieder ein.)* – Frau Bening?

AGNES *(blickt auf).* Ja?

ANGESTELLTE. Sollten Sie mit Ihrem Platz im Flugzeug nicht ganz zufrieden sein – Sie können sich ohne weiteres auf einen anderen freien Platz setzen.

AGNES. Weshalb sollte ich mit meinem Platz nicht zufrieden sein?

ANGESTELLTE *(lächelnd).* Bitte verstehen Sie mich nicht falsch. Bei diesem Flug werden einige – *(Sie* *verbessert sich:)* werden viele Plätze unbesetzt bleiben, und die Fluggesellschaft möchte ihren Gästen alle Freiheiten gewähren. Sie, Frau Bening, besitzen ein Ticket für unsere Economy Class. Falls Sie wünschen, können Sie sich dort von unserem Filmprogramm unterhalten lassen. Wenn Sie aber zum Schlafen etwas mehr Komfort und Ruhe wünschen, dann steht es Ihnen frei, sich einen Platz in unserer Business Class auszusuchen. Gehen Sie dazu einfach in die vordere Kabine durch.

AGNES *(überrascht)*. Danke. Ich denke, dieses Angebot nehme ich gerne an.

Sie packt ihre Papiere ein. Dann wendet sie sich dem Wartesaal zu, orientiert sich flüchtig, nimmt in einer Ecke Platz.

Noch bevor sich Agnes gesetzt hat, ist ein hagerer, großer Mann eingetreten und hat unauffällig der Flughafenangestellten sein Ticket zur Prüfung gereicht: Joshua Simjamin. Er trägt eine Brille mit dunkel getönten Gläsern, wirkt scheu und empfindlich, meidet den Blickkontakt. Er hat kein Handgepäck bei sich. Joshua ist ungefähr dreiunddreißig Jahre alt.

ANGESTELLTE. Sie haben im Mai gebucht? *(Joshuas Nicken ist kaum sichtbar.)* Sie wissen, dass Sie aufgrund der besonderen Situation das Recht haben, von Ihrer Buchung zurückzutreten. Gleichwohl hat das Fremdenverkehrsamt der Volksrepublik China dieser Tage beteuert, dass die Sicherheit der ausländischen Touristen wieder gewährleistet ist.

Joshua, zu sehr mit sich selbst beschäftigt, reagiert nicht; er scheint nicht einmal zuzuhören. Er nimmt das Ticket wieder zurück, steckt es in die Brusttasche seines Hemdes, geht gesenkten Kopfes quer durch die Halle und nimmt Platz unweit von Agnes (die er zunächst gar nicht wahrnimmt). Agnes beobachtet ihn. Als er nach einer Weile sie doch bemerkt, blickt sie ihm wohlwollend entgegen. Joshua reagiert irritiert, zieht seinen Blick sofort zurück, massiert seine Stirn. Agnes nimmt sich aus ihrem Bastköfferchen ein Buch über China zur Hand.

Die Flughafenangestellte, die eben einen kurzen, stillen Dialog mit dem Computer geführt hat, wundert sich inzwischen, dass der nächste Passagier noch nicht nachgerückt ist. Sie beugt sich über den Schaltertisch vor, kann jedoch nicht durch die offene Tür blicken. Sie ruft: "Weitere Passagiere mit Platzkarte, bitte!" *Da sich nichts tut, schreitet sie um den Tisch herum dem Eingang zu. In diesem Moment stolpert ihr ein schelmischer, eher klein gewachsener Kerl entgegen. Die Flughafenangestellte kann ihm gerade noch ausweichen; Fielder Pauli aber stolpert weiter und fängt sich mit Mühe knapp vorm Sturz ab. Eine von sechs Cola-Dosen, die er gegen seinen Körper gepresst hat, fällt dabei krachend auf den Boden. Ehe er die geplatzte Dose aufhebt, stellt er die übrigen fünf Dosen auf den Schaltertisch ab und zeigt mit ausgestrecktem Arm auf die offene Tür.*

FIELDER *(kindisch entrüstet)*. Der da hat mich geschubst! *(Nun lacht er los.)*

Im nächsten Moment leuchtet ein Elektronenblitz auf und blendet ihn. Dem Blitz folgen Robert Pawo und Friederike Brecht durch die Eingangstür nach. Robert hält einen Fotoapparat in seinen Händen, seine Begleiterin Friederike trägt das Handgepäck und bummelt ihm gelangweilt hinterher. Robert und Friederike sind achtzehn oder neunzehn Jahre alt, Fielder wirkt noch jünger. In Robert vereinigt sich ein bestimmendes, schlagfertiges, nicht selten herablassendes Benehmen mit einem exzentrischen Äußeren: hoher Stirn, mit Gel nach hinten gekämmten Haaren, bunter Nickelbrille, Jackett und Hemd mit klassischer schwarzer Herrenweste, Stiefeln. Friederike ist stark geschminkt; sie trägt einen kurzen Rock, schwarze Strümpfe, hochhackige Schuhe. Ihr anzügliches Äußeres steht im Widerspruch zu ihrem unreifen Kichern.

Mit dem Auftreten der drei Teenager findet die Ruhe der Szene ein abruptes Ende. Fielder, Robert und Friederike legen eine mitunter pöbelhafte Ausgelassenheit an den Tag.

ROBERT *(zur Flughafenangestellten).* Hören Sie nicht auf ihn. Er ist betrunken. Hier, unsere Tickets.

Er breitet die drei Tickets auf der Tischfläche aus. Die Flughafenangestellte greift sie auf, prüft sie. Robert bemerkt, wie die Angestellte aus ihren Augenwinkeln seinen Freund Fielder mustert.

ROBERT. Keine Angst – er hat nur Cola geschluckt. Von einem kleinen Whiskey Bourbon einmal abgesehen. *(zu Agnes Bening und Joshua Simjamin:)* Die Angebote der Bars hier im Flughafen sind einfach zu verlockend. *(Friederike kichert.)*

ANGESTELLTE. Wo im Flugzeug möchten Sie Ihre Plätze haben?

ROBERT. Da, wo man das Kinoprogramm am besten sieht. Wir brauchen nonstop Unterhaltung. Und: Raucher, bitte.

FRIEDERIKE. Warum denn 'Raucher'?

ROBERT. Weil ich's so will.

ANGESTELLTE *(tippt Daten in den Computer ein).* Ich reserviere Ihnen Plätze ganz vorn in der Economy. Sie können während des Fluges aber auch andere freie Plätze einnehmen. *(Sie gibt Robert die Tickets mit den Platzkarten zurück.).* Sie haben gültige Visa?

ROBERT. Klar.

ANGESTELLTE *(freundlich).* Die chinesischen Konsulate arbeiten derzeit recht zügig.

ROBERT *(trocken).* Das liegt einfach daran, dass sie sonst nichts zu tun haben. Wer will schon nach China in diesen Tagen? *(Er wendet sich Friederike zu.)* So, Freddy. Jetzt noch sechsunddreißig Stunden, eineinhalb Tage, dann wird's ernst.

Unter gegenseitigen Sticheleien und Mätzchen bemühen sich die drei jungen Leute, zu einem Konsens hinsichtlich der geeignetsten Plätze im Wartesaal zu kommen. Auch nachdem sie Platz genommen haben, treiben sie ihren Schabernack weiter: Friederike erneuert aufwendig ihr Make-up, um gleich darauf ihre roten Lippen gegen Roberts Wange zu drücken. Fielder wühlt in Roberts Handgepäck, woraufhin dieser ihm auf die Finger schlägt. Robert greift sich eine Dose Cola und gießt sich ihren Inhalt akrobatisch in die Kehle. Friederike hält es nicht lange auf dem Stuhl, dann steht sie auf und geht an den vorderen Rand der Bühne, blickt auf das Flugfeld hinaus.

FRIEDERIKE. Da hebt gerade 'ne Boeing sieben vier sieben von den Trans World Airlines ab.

FIELDER. Du hast die ganze Sache mental immer noch nicht richtig realisiert?

FRIEDERIKE *(mit einem nachdenklichen Kopfschütteln)*. Ihr seid dermaßen durchgeknallt, ihr beide!

ROBERT. *Du* hast doch angefangen, vom Gelben Fluss zu palavern.

FRIEDERIKE *(ins Publikum)*. Ich hatte nicht eine blasse Ahnung, wo der Gelbe Fluss liegt.

FIELDER. Jetzt bekommst du Schiss?

FRIEDERIKE *(nachdenklich)*. Ach was. *(Sie kehrt zurück an ihren Platz.)*

Die Flughafenangestellte hat am Schalter inzwischen weitere Eingaben in den Computer gemacht. Plötzlich hört man von draußen eine Männerstimme drei kurze, akzentuierte Worte sprechen: "Ah, hier. Endlich!" Gleich darauf tritt mit eiligen Schritten Jim Fischer ein. Der Fünfunddreißigjährige hat eine kräftige, etwas untersetzte Figur und ist schon an seinem Anzug mit weißem Oberhemd und Krawatte als Geschäftsmann zu erkennen. Außerdem trägt er einen schwarzen Aktenkoffer mit sich. In seiner Haltung und seiner Sprache äußert sich ein besonderes Wichtigkeitsgefühl, welches mit einer gewissen, ihm selbst natürlich unbewussten Komik kontrastiert. Noch ehe er vor der Flughafenangestellten zum Stehen kommt, beginnt Fischer ungeduldig und unfreundlich zu lamentieren.

FISCHER. Guten Abend. Fischer. Ich erwarte, dass der Transfer pünktlich starten wird. Hoffentlich haben Sie einen Kapitän, der imstande ist, den Flugplan einzuhalten. Was sind das für Zeiten, in denen man in China landen muss, um nach Hongkong zu gelangen! *(Er streckt der Flughafenangestellten sein Ticket entgegen.)*

ANGESTELLTE *(das Ticket begutachtend)*. Sie wollen nach Hongkong?

FISCHER *(brummig)*. Solange es Hongkong noch gibt.

ANGESTELLTE. Aber Sie haben ein Ticket nach Kanton.

FISCHER *(unbeherrscht laut)*. Ja, ich habe ein Ticket nach Kanton! *(Er nimmt sich zusammen.)* Weil es keine Rückflugtickets nach Hongkong mehr gibt. Warum? – Die Bevölkerung reagiert panisch. Und zwar aus gutem Grund.

ANGESTELLTE. Sie haben ein Visum für China?

FISCHER *(lacht auf)*. Ein Visum? – Gute Frau, im internationalen Business ist eine wirre Epoche angebrochen. Ich wusste heute Vormittag noch nicht, dass ich heute Abend nach Hongkong aufbrechen muss. – Ich werde in Kanton ein Übergangsvisum beanspruchen und mit dem Zug sofort nach Hongkong weiterfahren.

ANGESTELLTE. Wo möchten Sie sitzen im Flugzeug?

FISCHER. Vorn. Immer weit vorn. *(für sich; unruhig:)* Wenn der Flug nur planmäßig abläuft.

ROBERT *(ruft herüber)*. Wie wäre es mit Teleportation: Warum *beamen* Sie sich nicht einfach nach Hongkong, Herr Fischer? *(Fischer blickt ihn etwas verdutzt an.)* Sie kennen doch Star Trek? Raumschiff Enterprise?

FISCHER *(humorlos)*. Hören Sie mal! Mir steht der Sinn nicht nach Clownereien. Mich erwartet dringende verantwortungsvolle Arbeit in Hongkong. *(abschätzig:)* Das ist etwas anderes als Party-Tourismus.

ROBERT *(greift sich den Fotoapparat, steht auf und geht nahe an Fischer heran).* Darf ich? *(Noch ehe Fischer reagiert, hat Robert mit Blitzlicht ein Foto von ihm gemacht.)* Vielen Dank. Sie sind bestimmt Vorstandsvorsitzender oder Außenminister. *(Er dreht sich ab, geht an seinen Platz zurück, wo Friederike vor Lachen prustet.)*

FISCHER *(aufgebracht).* Freundchen! – ...

ANGESTELLTE *(in der Absicht, die Konfrontation zu entschärfen).* Wenn Sie mit Ihrem Platz im Flugzeug nicht zufrieden sein sollten, Herr Fischer, – ...

FISCHER *(hört nicht zu; nimmt sich das Ticket und wendet sich zornig ab).* Danke. Schon gut. Ich habe keine Zeit. *(kopfschüttelnd:)* Dass ich in einem Touristenflugzeug fliegen muss... *(Er wirft Robert, Fielder und Friederike einen verächtlichen Blick zu, steuert einen Stuhl weit entfernt von der Gruppe an.)*

ROBERT. Warum chartern Sie sich nicht ein Privatflugzeug?

FISCHER *(verächtlich).* Taugenichtse.

Inzwischen ist ein älterer Herr eingetreten: Albert Dudas, augenfällig ein 'Mann von Welt', äußerlich ein Diplomat, stilvoll und korrekt vom Scheitel bis zur Sohle. Der Mittsechziger trägt bei sich das klassische Handwerkszeug eines altgedienten Journalisten: Schreibmaterial, Füllfederhalter im Etui, dazu mehrere Zeitungen und Magazine. Sein stoisches Auftreten scheint Spiegel innerer Ausgeglichenheit. Dudas wirkt, als ob er alles schon erlebt habe; jede neue Situation scheint für ihn die Wiederholung einer vergangenen zu sein.

DUDAS. *(mit Seitenblick in Richtung Fischer:)* Es herrschen Ausnahmezustand und Kriegsrecht in China. Wir wissen, dass derartige Entwicklungen sich auf den Reiseverkehr auswirken. *(zur Flughafenangestellten:)* Guten Abend. *(Er überreicht ihr seine Papiere.)* In Paris, wo ich mich noch gestern aufgehalten habe, führte ich Gespräche mit studentischen Dissidenten, denen die Flucht aus China geglückt ist – zumeist über Hongkong. Sie hatten tagelang im Untergrund gelebt, ehe es ihnen in der vorigen Woche gelang, über den Luftweg das Land zu verlassen und nach einer beschwerlichen Reise hier in Europa zu landen. Ich meine, wir, die wir den umgekehrten Weg einschlagen, dürften also ruhig ein wenig Nachsicht und Geduld mitbringen. *(Während die Flughafenangestellte den Computer mit Daten füttert, schweift Dudas' Blick langsam über die leeren Sitzreihen des Wartesaals.)* Ein bescheidenes Häufchen Reisender ist es, das Ihre Fluggesellschaft nach Guangzhou befördern darf.

ANGESTELLTE *(ohne die Augen vom Monitor abzuwenden).* Wir hatten noch niemals so wenige Fluggäste. In den Tagen seit dem Vierten Juni hat sich große Verunsicherung breitgemacht. *(Jetzt blickt sie auf.)* Aber Sie profitieren insofern von dieser Situation, als Sie nun einen umso ruhigeren Flug haben werden, Herr Dudas! *(Sie lächelt.)*

DUDAS. Das will ich hoffen! *(ernst:)* Aber auch für uns Journalisten haben sich die Arbeitsbedingungen verschärft. – Ich spreche von den Bedingungen in China: Man bekommt immer weniger zu sehen. Man wird davor gewarnt, nach Einbruch der Dunkelheit auf die Straße zu gehen. Interviews, Filmen und Fotografieren sind nach wie vor verboten. Am vergangenen Mittwoch haben die chinesischen Behörden zwei amerikanische Journalisten ausgewiesen, und am Donnerstag einen französischen Kollegen festgenommen.

FISCHER. Man sollte entsprechend die chinesischen Journalisten aus den westlichen Staaten ausweisen.

DUDAS *(dreht sich zu Fischer um).* Man muss differenzieren –

ANGESTELLTE. Ich habe Ihnen einen Platz ganz hinten in der Business Class zugeteilt, Herr Dudas. Die Sitzplatzvergabe ist unter diesen Umständen allerdings eine bloße Formalität.

DUDAS. Nun, die Abwicklung von Formalitäten... – Sind die Formalitäten nicht ein Charakteristikum unserer Zeit? – Wie selbstverständlich sind doch gerade diese Computer als Datenspeicher geworden. *(nostalgisch:)* Als ich im Frühjahr einundfünfzig zum ersten Mal nach Ostasien flog – ich beabsichtigte, über Französisch-Indochina die Grenze zur chinesischen Provinz Yunnan zu erreichen, um über den Widerstand gegen Maos Truppen zu berichten – , *(Er lacht:)* da genügte es, dass ich Name und Beruf in eine Liste eintrug. Ich wurde von einer vollbesetzten Militärmaschine noch mitgenommen.

Er schüttelt wehmütig den Kopf, erhält dann seine Platzkarte und sein Ticket, bedankt sich. Er geht zielstrebig auf einen Stuhl in der Nähe Jim Fischers zu, setzt sich, holt seine Lesebrille hervor, schlägt ein politisches Magazin auf und vertieft sich.

Als Nächste tritt Isabel McPhail ein. Sie ist einundzwanzig Jahre alt, wirkt jugendlich und sportlich, aber auch etwas chaotisch und unkonventionell. Sie deutet mit ihrer

Erscheinung die Vorfreude, Aufregung und Spannung eines Sommerurlaubs und zugleich große innere Unruhe an. Isabel hat lange Haare, trägt leichte Kleidung; ihre Hände halten eine Art Einkaufstasche in bunten, lebhaften Farben umfasst. Die junge Frau ist freimütig und treuherzig; sie hat eine klare, schöne Aussprache mit reizvollem amerikanischem Akzent.

Isabel blickt sich auffallend um. Sie mustert die anderen Reisenden, insbesondere den introvertierten Joshua, dessen Gesicht sie aber kaum sehen kann. Isabel hat sich dem Saal zugewandt wie ein Wanderer, der auf einer Anhöhe atemlos das Tal betrachtet. Sie steht abseits rechts, nahe der Eingangstür, durchkämmt den Saal mit ihrem Blick, aber das erwartungsvolle Strahlen in ihrem Gesicht entweicht, da sie offensichtlich nicht entdeckt, wen sie sucht. Unsicher starrt Isabel in den Raum, als sei sie nun im Begriff, aus einem Tagtraum zu erwachen. Offenbar hat sie die Flughafenangestellte nicht wahrgenommen.

ANGESTELLTE *(die zunächst abgewartet hat).* Reisen Sie alleine?

ISABEL *(wendet sich jetzt erst langsam dem Schalter zu).* J-Ja. Hm, entschuldigen Sie – sind das alle Passagiere hier? – Dies ist doch der Flug nach Kanton, nicht?

ANGESTELLTE *(freundlich).* Es ist der Flug nach Kanton, und es sind bisher alle Passagiere.

ISABEL *(enttäuscht).* Ach, entschuldigen Sie. *(offener, frischer:)* Ich war heute pausenlos unterwegs. Ich war in der chinesischen Botschaft. Ich habe die Leute dort so lange bearbeitet, bis sie mir mein Visum ausgestellt haben. Es war fast aussichtslos, aber es hat geklappt! *(Sie holt ihr Ticket aus der Tasche hervor.)* Ich habe aber noch keine Platzkarte; ich hoffe, es macht keine Umstände...

ANGESTELLTE. Sie bekommen die Platzkarte hier bei mir. Es ist nur eine Formalität; Sie können den Platz noch während des Fluges wechseln. *(Sie bedient den Computer.)*

ISABEL. Das Ticket habe ich erst vorhin gekauft. Ich war so froh, noch eines zu bekommen, so kurzfristig. Ich hatte Angst, dass es heute nicht mehr reicht. *(Sie wirft nochmals einen suchenden Blick durch den Saal.)*

ANGESTELLTE *(schaut auf den Monitor)*. Nichtraucher?

ISABEL *(eifrig)*. Ja, Nichtraucher.

ANGESTELLTE *(nach wenigen Sekunden)*. Ich habe Ihnen einen Platz in der Business Class zugewiesen. Aber wie bereits gesagt: Sie können sich im Flugzeug einen beliebigen freien Platz aussuchen. Hier Ihr Ticket, hier Ihre Bordkarte, Frau McPhail.

ISABEL. Danke. Vielen Dank.

Sie steckt die Papiere ein, geht dann einen langen Weg durch den Saal. In der Nähe von Joshua verlangsamt sie ihren Gang und betrachtet den Mann. Als er aufblickt, schrickt sie leicht zurück, geht weiter, entscheidet sich für einen Platz etwas entfernt von Agnes und Joshua und sinkt ermattet nieder.

Die Gruppe der Reisenden vervollständigt sich mit Gabriele Menck, einer Frau von etwa fünfundfünfzig Jahren.

Gabriele trägt schlichte, aber elegante Kleidung aus reiner Baumwolle. In ihrem aufrechten, bedachtsamen Gang drücken sich Reife und Umsicht aus, die – anders als bei Albert Dudas – mit Stolz nichts gemein haben. Gabriele Menck gibt das Bild einer individuellen, selbstständigen Frau. Sie wirkt tatkräftig und entschlossen, aber nicht unbelastet.

ANGESTELLTE. Guten Abend.

GABRIELE. Guten Abend. *(Sie legt ihr Ticket auf den Schaltertisch.)* Ich habe ein kleines Anliegen: Meine Bordkarte ist für den Raucherbereich ausgeschrieben; ich möchte aber zu den Nichtrauchern. Ihre Kollegin muss mich falsch verstanden haben.

ANGESTELLTE. Sie haben schon eine Bordkarte?

GABRIELE. Ich habe sie heute früh bei der Gepäckabgabe erhalten.

ANGESTELLTE. Kein Problem. *(Sie prüft die Bordkarte.)*

GABRIELE. Können Sie den Vermerk 'Smoking yes' jetzt noch ändern?

ANGESTELLTE. Das ist unnötig. Sie können sich Ihren Platz im Flugzeug selbst aussuchen. *(während sie Eingaben in den Computer macht:)* Es ist eine sehr kleine Schar, die dieser Tage nach China fliegt.

GABRIELE. Ich bin eher überrascht, dass der Flug überhaupt zustande kommt.

ANGESTELLTE *(während sie Gabriele das Ticket zurückgibt, in vertraulichem Ton).* Sie haben befürchtet, der Flug könne annulliert werden? – Nein, für meine

Fluggesellschaft war das keine Option. – Ich wünsche Ihnen einen angenehmen Flug, Frau Menck.

GABRIELE. Ich danke Ihnen.

Gabriele Menck geht weiter in den Wartesaal, grüßt mit lautloser Geste die anderen Reisenden und setzt sich auf einen der nächstgelegenen Plätze.

Die Flughafenangestellte verlässt nun ihre Stellung hinter dem Kundenabfertigungsschalter, geht zum Eingang, blickt hinaus, schließt dann die Tür. Sie kehrt zurück hinter den Schaltertisch, drückt einen Knopf, richtet ihren Mund zum Mikrofon.

ANGESTELLTE *(über Lautsprecher verstärkt).* Meine Damen und Herren, Teilnehmer am Flug null eins neun nach Kanton! Sie werden gebeten, sich hier bereitzuhalten. In wenigen Minuten beginnt der Bustransfer zum Flugzeug. Bitte halten Sie sich bereit.

Jim Fischer stöhnt auf. Die Flughafenangestellte schaltet das Mikrofon aus, erledigt noch einige Dinge an ihrem Arbeitsplatz, verlässt dann den Saal durch die linke Tür – begleitet von einem schwärmerischen Pfiff Fielders.

Nun sind die Reisenden unter sich. Robert und Fielder reichen eine Dose Cola hin und her; Friederike träumt mit offenen Augen. Joshua verharrt regungslos, Dudas pflegt seine Lektüre, Isabel macht einen müden und immer müderen Eindruck. Gabriele Menck blickt nachdenklich in Richtung Fischer, der unruhig auf dem Stuhl herumrutscht und nervös mit den Fingern auf seinem Aktenkoffer trommelt. Agnes hat ihr China-Buch beiseite gelegt, um interessiert die hier zusammengekommenen Menschen zu beobachten. Sie öffnet nun ihr Köfferchen, legt ihr Buch hinein und holt eine Packung Kekse hervor.

Wortlos blickt sie zu Joshua. Als der ihren Blick erwidert, hält sie ihm die Kekse entgegen, aber Joshua schüttelt nur knapp den Kopf. Agnes dreht sich in die andere Richtung, bietet Fielder von den Keksen an. Der nimmt hastig einen letzten Schluck aus seiner Cola-Dose und greift sich dann einen Keks.

FIELDER. Danke.

ROBERT *(unverschämt)*. Bring' mir auch einen, Fielder!

Fielder wirft einen fragenden Blick zu Agnes. Die nickt nachsichtig. Fielder entnimmt der Packung einen zweiten Keks.

FIELDER. Vielen Dank.

ROBERT. Danke.

Agnes bietet auch Friederike von den Keksen an. Friederike schüttelt jedoch den Kopf.

ROBERT *(zu Friederike)*. Was ist los? *(Er nimmt von Fielder den Keks entgegen, schiebt ihn sich in den Mund.)*

FRIEDERIKE. Was soll los sein?

ROBERT *(den Keks kauend)*. Die Dinger sind gut – und kosten nichts! *(Fielder lacht. Robert ist zufrieden.)* Leute, mir ist heiß!

Er steht nun auf, zieht sein Jackett aus und wirft es über den Zeitungsständer in der Mitte des Saals. Anstatt direkt zu seinem Platz zurückzugehen, schlendert er noch ein paar Schritte weiter. Im Vorbeigehen stößt er leicht gegen Jim Fischers Fuß, woraufhin er theatralisch ins Straucheln gerät.

FISCHER *(ihn anherrschend)*. Tolpatsch! Haben Sie keine Augen im Kopf?

Robert reagiert nicht, sondern schlurft lässig an seinen Platz neben Friederike zurück. Wenige Sekunden lang grübelt er, dann spricht er zu Friederike:

ROBERT. Nun stell' dir vor, du hättest deine Augen nicht im Kopf, sondern an den Fußzehen.

FRIEDERIKE *(kichernd)*. Ich – ich müsste auch im Winter Sandalen tragen.

ROBERT. Darauf will ich nicht hinaus.

FRIEDERIKE. Ich würde mir den Kopf überall anschlagen. Meinst du das?

ROBERT. Nein. Überleg' doch: Augen an den Füßen – du würdest im Auto nicht mehr Bremspedal mit Gaspedal verwechseln! Du hättest deinen Führerschein gleich beim ersten Mal geschafft!

FRIEDERIKE *(gelangweilt)*. Ha. Ha. *(Sie lässt Robert für einige Momente ihre 'Verachtung' spüren. Dann, plötzlich:)* Ich hab' meinen Bikini vergessen!

ROBERT *(ruhig)*. Das stört nicht. Meinetwegen kannst du auch im Blaumann oder mit Jacke springen.

FRIEDERIKE *(gereizt)*. Sieht dann aber bescheuert aus...

ROBERT *(laut; zu den anderen Reisenden)*. Freddy wird in den Gelben Fluss springen. Den Huáng Hé!

FRIEDERIKE. Das brauchst du nicht jedem hier zu erzählen.

ROBERT *(unbeirrt und weiterhin laut)*. Sie hat nämlich vor vier Wochen im zweiten Anlauf die Fahrprüfung dritter Klasse bestanden. Und muss jetzt ihr Versprechen einlösen. *(zu Fielder:)* Fielder, was hat sie versprochen? Was hat sie angekündigt?

FIELDER. Sie hat gesagt: "Wenn ich die Prüfung bestehe, springe ich in den Gelben Fluss."

FRIEDERIKE. Ich hab's gesagt. Einfach nur so dahingesagt.

ROBERT. Du hast nicht damit gerechnet, dass die Flüge nach China auf einmal um fünfzig Prozent billiger werden. – Ein Hoch auf Deng Xiaoping! Hätte der nicht den dicken Max gemacht, dann könnten wir uns diese Reise nicht leisten, und du könntest deine Ankündigung nicht wahr machen. *(Er prostet Fielder zu:)* Ein Hoch auf Deng Xiaoping! Was für eine gute Zeit, um nach China zu fliegen und in den Gelben Fluss zu springen!

Die anderen Reisenden gehen auf Roberts Wichtigtuerei nicht ein.

DUDAS *(zu Fischer)*. Hätten Sie nicht über Singapur fliegen können, Herr Fischer? Oder alternativ über Tokio? – Ich meine, um nicht in China landen zu müssen.

FISCHER. Wenn ich Zeit zu verlieren hätte! Wenn ich Tourist wäre. Einem Urlauber ist es gleich, ob er nach Teneriffa oder in die Dominikanische Republik fliegt. – Aber ich bin Geschäftsmann. Ich werde dringend erwartet in Hongkong. Ich kann nicht einfach eine Nachricht an die dortige Filiale meiner Firma faxen und mitteilen, dass ich eben einen Tag später komme. Nein, es ist dringend. Ich musste die nächste Verbindung nehmen.

DUDAS. Was haben Sie in Hongkong zu bewerkstelligen, Herr Fischer?

FISCHER. Ich überbringe wichtige Instruktionen. Ich werde den Rückzug unserer Belegschaft organisieren. Ich habe vier Tage Zeit. Wir werden unser Engagement in Asien beenden.

DUDAS. Weshalb ein solch radikaler Schritt?

FISCHER *(lacht laut heraus)*. Weshalb? – Die chinesische Armee massakriert in Peking und achtzig anderen Städten Tausende friedliche Bürger, und Sie fragen weshalb?

DUDAS *(gelassen)*. Hongkong ist britische Kronkolonie.

FISCHER. Aber wie lange noch? – Bald fällt es an die Kommunisten!

DUDAS. Deng Xiaoping hat ein Abkommen unterzeichnet, das Hongkong nach seiner Rückgabe an China noch weitere fünfzig Jahre sein kapitalistisches Wirtschaftssystem garantiert.

FISCHER. Pah! – Deng Xiaoping. Seit dem Vierten Juni wissen wir, wie glaubwürdig Deng Xiaoping ist. – China verdient kein Vertrauen. Und nichts anderes sage ich seit Jahren.

DUDAS. Aber die Regierung in Peking versichert, dass die Fortführung ihrer "Politik der offenen Tür" in keiner Weise gefährdet sei. Das kann man glauben, denn ihr bleibt gar nichts anderes übrig, als Anschluss an den internationalen Markt zu halten.

FISCHER. Selbst wenn die Regierung es wollte: Es geht nicht mehr. – Das Land ist im Chaos. Es herrscht eine politische Krise fürchterlichen Ausmaßes, die Modernisierung der Wirtschaft stagniert. Nicht einmal die eigene Bevölkerung hat noch Vertrauen. Die kommunistische Weltanschauung wird mit Gewalt erzwungen. Und dies alles nicht erst seit dem Vierten Juni. Jetzt aber kommen die vom Ausland verhängten Wirtschaftssanktionen dazu. – Wissen Sie, Herr...

DUDAS. Dudas.

FISCHER. Wissen Sie, Herr Dudas, ein Teil der Produktion meiner Firma ist in die chinesische Provinz Guangdong verlagert, wo die Lohnkosten niedriger sind. Wenn die westlichen Staaten nun Strafzölle auf in China hergestellte Produkte erheben, dann hat das auf Hongkongs Wirtschaft erhebliche Auswirkungen. Schon die leiseste Andeutung von Sanktionen muss als ernsthafte Bedrohung aufgefasst werden.

DUDAS. Trotzdem erscheint es mir übertrieben, dass eine Firma sich so überstürzt nun ganz aus Fernost zurückzieht.

FISCHER. Mir nicht. Es hätte noch viel früher geschehen sollen. Ich habe schon vor Jahren darauf hingewiesen, wie unwägbar Investitionen in einem kommunistischen Erdteil sind. In China lässt sich nicht für die Zukunft investieren. In China kann man sich höchstens die Pfoten verbrennen! – Bis zum Vierten Juni hat keiner auf mich gehört. Jetzt endlich gibt mir der Vorstand meiner Firma recht. Jetzt schickt man mich nach Hongkong, um die Kohlen aus dem Feuer zu holen. Ich habe Prokura, alles zurückzuziehen: Kind und Kegel, Mann und Maus. Das werde ich rasch bewerkstelligen, aber wir hätten es viel früher tun sollen.

DUDAS. Diese extremen Reaktionen – ich halte sie für voreilig. Die Studentenunruhen und ihre Niederschlagung in Peking, die nun laufenden Verfolgungen und Hinrichtungen – ich meine, erforderlich sind zunächst eine ausführliche Berichterstattung und besonnene Wahl der Schritte. Die Menschen in China brauchen von außen Unterstützung, nicht Bedrängnis. *(Er blickt Fischer in die Augen:)* Wenn Sie also Ihr Vorhaben verwirklichen, setzen sie ein ungutes Signal. Sehen Sie, China, ein Jahrtausende altes kulturelles Riesenreich –

FISCHER *(kategorisch).* Für das Ausland ist zunächst nichts wichtiger als der Rückzug sämtlichen Kapitals.

DUDAS *(nach kurzem Überlegen).* Befürworten Sie die Sanktionen?

FISCHER. Ja. Ein von greisen Altkommunisten geführter Staat, der seine Armee mit Drogen aufputscht und ein Blutbad unter Zivilisten anrichten lässt, muss isoliert werden.

DUDAS. Ich meine, die Isolation eines Milliardenvolkes mittels Sanktionen wird ihren Zweck verfehlen. Leiden werden darunter die Abermillionen Bauern und einfachen Arbeiter. Die einflussreichen Hardliner kann man so nicht treffen.

GABRIELE *(die das Gespräch der beiden aufmerksam verfolgt hat; zu Dudas).* Was beabsichtigen Sie in China für China zu tun?

DUDAS. Wie ich eben schon gesagt habe, ist eine offene Berichterstattung die dringlichste Aufgabe. Zunächst werde ich von Kanton weiter nach Peking fliegen, um mich sowohl mit Vertretern der Kommunistischen Partei als auch mit verfolgten Studenten zu treffen. Ich werde nicht nur die Ereignisse auf dem Tian'anmen-Platz und der Avenue des Himmlischen Friedens rekonstruieren, sondern ebenso in einige weitere Städte reisen, in denen Demonstrationen stattgefunden haben. Ich kenne das Land seit vierzig Jahren. Auch über die jüngsten Entwicklungen werde ich berichten, sobald ich mir einen profunden Überblick verschafft habe.

FISCHER *(mehrdeutig)*. Eine große Herausforderung.

GABRIELE *(zu Dudas, sehr direkt)*. Sie glauben, Sie können – im Gegensatz zu Ihren Kollegen – in China ungehindert Journalismus betreiben?

DUDAS *(überlegen lächelnd)*. Ich schreibe keine Leitartikel in westlichen Zeitungen. Ich bin unabhängig. Meine Art der Berichterstattung ist eine andere.

GABRIELE. Welche?

DUDAS *(selbstüberzeugt)*. Ich schreibe Bücher.

GABRIELE *(skeptisch)*. Wer liest Ihre Bücher?

DUDAS. Diejenigen, die an umfassenden, sachlichen Berichten und tiefgründigen Gesellschaftsanalysen interessiert sind.

ROBERT *(trocken)*. Er ist ein Reiseschriftsteller.

GABRIELE *(Robert ignorierend)*. Es wird sehr viel geschrieben...

FIELDER *(naiv, aber ernstgemeint)*. ... und jeder beansprucht die Wahrheit für sich.

Über Gabriele Mencks Gesicht huscht ein kurzes Lächeln. Sie senkt den Kopf. Auch Joshua hat aufgesehen. Er schüttelt schwach den Kopf, zieht sich wieder zurück.

Dudas wirkt etwas pikiert. Er wendet sich wieder seinem Magazin zu.

Wenige stumme Augenblicke vergehen, dann kündigt sich mit einem Knistern eine Lautsprecherdurchsage an. Die Reisenden horchen auf.

(LAUTSPRECHERSTIMME). Achtung! Teilnehmer am Flug null eins neun nach Kanton! Wegen gegenwärtiger Überlastung des Luftraums wird sich der Abflug um voraussichtlich dreißig Minuten verzögern. Der Start des Fluges wird sich um voraussichtlich dreißig Minuten verzögern. Wir bitten Sie um Geduld.

FISCHER *(springt auf; erbost).* Geduld! Geduld! *(Er geht in Richtung Publikum, tigert am Rand der Bühne nervös hin und her.)* Ich bin pünktlich, und ich erwarte, dass andere ebenso pünktlich sind. *Ich* trage *meine* Verantwortung, und darum sollte ich erwarten dürfen, dass andere die ihrige tragen. – Herrschaften, jede Minute, die ich hier verliere, macht meine Mission in Hongkong schwieriger! *(Sprachlos vor Wut zieht er eine Zigarette hervor, steckt sie sich an, nimmt hastig einen Zug.)*

GABRIELE. Bitte rauchen Sie hier nicht.

FISCHER *(blickt der Frau erst erstaunt entgegen, versteht dann und drückt die Zigarette widerwillig aus).* Wenn wir nicht neun, sondern dreihundert Passagiere wären, wären wir schon abgeflogen. Das könnten dreihundert *Urlauber* sein – es interessiert nur die Zahl. Dass ich *gebraucht* werde in Hongkong, ist ja belanglos.

Jim Fischer schreitet weiter rastlos durch den Raum. Derweil zieht Isabel McPhail die Aufmerksamkeit unge-

wollt auf sich: Nachdem ihr in den vorangegangenen Minuten vor Müdigkeit mehrmals die Augen zu- und der Kopf auf die Schulter gefallen waren, sie sich aber jeweils sofort hatte fangen können, wird die junge Frau nun von der Erschöpfung überwältigt. Ihr Oberkörper sinkt widerstandslos nieder und kommt in einer unbequemen Position auf dem freien Nachbarstuhl zum Liegen. Isabel ist eingeschlafen. Jim Fischer bemerkt dies, bleibt kurz stehen.

FISCHER *(abfällig murmelnd)*. So ist's recht. Das sollte ich auch tun. Einfach die Augen zu, und dann macht was ihr wollt.

Während die andern untätig bleiben, erhebt sich Agnes, nimmt ihr Handgepäck und geht zu Isabel hinüber. Sie lupft vorsichtig den Kopf der Schlafenden, um ihren Pullover als Kissen darunter zu legen. Dann setzt sie sich auf den Stuhl neben Isabels Kopf und nimmt ihr Buch wieder zur Hand.

Fischer beginnt abermals, am Rand der Bühne von der einen zur anderen Seite zu schreiten. Offenbar schwitzend, lockert er seine Krawatte und öffnet den obersten Knopf seines Hemdes. Indessen hat sich Robert seiner Begleiterin Friederike zärtlich genähert; diese steht nun plötzlich auf und tritt geradlinig nach vorn an den Bühnenrand. Fischer bleibt stehen.

FRIEDERIKE *(blickt auf das Rollfeld hinaus; mit sehr weiblicher, betörender Stimme)*. Herr ... – Fischer?

Jim Fischer wirft ihr einen knappen Blick zu. Er scheint nicht willens zu sein, sich mit der Göre auf ein Gespräch einzulassen.

FRIEDERIKE *(unbeirrt).* Herr Fischer? *(Ihr Kopf folgt den Flugbewegungen über dem Flugplatz.)* Es wird langsam dunkel da draußen. Welche Zeit zeigt Ihr Chronograph an, Herr Fischer?

Fischer ignoriert die Frage, da er meint, dass Friederike ihn zum Besten halten will. Friederike wartet kurz ab, dann dreht sie sich, geht noch einen Schritt auf Fischer zu, greift sanft nach dem Handgelenk des verdutzten Mannes und liest selbst die Zeit ab.

FRIEDERIKE. Einundzwanzig Uhr fünfzehn. Vielen Dank. *(wieder in Richtung Publikum:)* Dann muss am Gelben Fluss jetzt – *(sie rechnet)* vier Uhr fünfzehn sein. Ja. In China ist es heute schon morgen. *(zu Fischer, ihn tatsächlich zum Narren haltend:)* Sie als Geschäftsmann, Sie sind doch schon überall gewesen. Ich wette, Sie sind zeit Ihres Lebens geflogen? Schon gleich nach der Geburt? *(Sie wartet wiederum vergeblich auf eine Reaktion Fischers.)* Vermutlich erinnern Sie sich gar nicht mehr daran... – Ich bin noch nie geflogen. Nicht mal mit dem Zeppelin über Berlin. *(Sie blickt nachdenklich auf das Rollfeld hinaus, wendet sich sodann ab, geht zu ihrem Platz zurück.)* Irgendwann einmal möchte ich auch mit der Aeroflot fliegen.

Friederike setzt sich. Nun legt sie ihren Kopf gegen Roberts Schulter und schließt die Augen. Nach einigen Sekunden tritt auch Fischer an seinen Platz zurück, wo er sich setzt und in seinem Ärger abzuschotten versucht.

Im anderen Teil des Warteraums regt sich Joshua. Erst richtet er sich auf, dann nimmt er seine getönte Brille ab, blinzelt, presst die Augen zusammen, lässt den Kopf hängen. Nach wenigen Sekunden setzt er die Brille wieder auf.

FIELDER *(an Friederike, aber gedankenversunken in Richtung Joshua).* Sag' mal, Freddy – du hast doch früher auch immer so coole Sonnenbrillen getragen...

Agnes versucht ihm lautlos anzudeuten, dass er aus Rücksicht auf Joshua besser schweigen oder das Thema wechseln solle; Fielder begreift jedoch nicht.

FRIEDERIKE. So cool war das nicht. Ich war kurzsichtig.

FIELDER Und jetzt? Trägst du Kontaktlinsen, oder wie hast du das hingekriegt in der Fahrprüfung?

ROBERT. Sie ist ausschließlich nach Gehör gefahren. Nicht wahr, Freddy?

FRIEDERIKE. Ganz falsch. Nachdem ich dem Prüfer schöne Augen gemacht hatte, hat er mir die Fahrstrecke vorher gesteckt. Danach hätte ich auch blind fahren können.

FIELDER. Das glaube ich nicht.

FRIEDERIKE. Glaub' was du willst.

FIELDER *(streckt plötzlich Arm und Zeigefinger aus nach einem Flugzeug, welches er draußen stehen sieht).* Siehst du den Jumbo da? Hat der zwei oder drei Triebwerke?

FRIEDERIKE. Verkauf' mich nicht für dumm, Fielder. Ich sehe besser als du, Fischauge!

FIELDER *(infantil).* Haha. Hahaha. *(Er öffnet eine weitere Dose Cola, nimmt einen tiefen Zug. Genüsslich:)* Aah! *(Er wischt sich mit dem Handrücken über den Mund.)*

Entspannt und vergnügt sieht sich Fielder im Saal um. Er rutscht auf dem Stuhl tiefer in eine lässige Position, streckt die Beine lang und breit aus. Nun wird es ruhiger im Raum; die wenigen Bewegungen der Reisenden verlangsamen, der Klamauk zwischen Fielder, Friederike und Robert läuft nur noch unter Flüstern ab. Kurzzeitig wird auch das Licht im Raum gedämpft und damit Zeitraffung angedeutet.

Rasch erreicht dann das Licht wieder seine volle Stärke.

(LAUTSPRECHERSTIMME). Meine Damen und Herren, Teilnehmer am Flug null eins neun nach Kanton! Wir möchten Sie nun an Bord des Flugzeugs bringen. Bitte halten Sie Ihre Bordkarte bereit. Wir wünschen Ihnen einen angenehmen Flug.

Jim Fischer steht sofort auf, stöhnt, knöpft sein Hemd zu und rückt seine Krawatte zurecht, greift seinen Aktenkoffer.

FISCHER *(sarkastisch).* Was lange währt, wird endlich gut.

Die linke Tür des Wartesaals wird geöffnet. Die Stewardess tritt ein, lächelt in die Runde der Reisenden.

STEWARDESS. Bitte. Sie dürfen mir folgen.

Fielder springt auf, Robert tut es ihm gleich, zerrt Friederike in die Höhe, holt sich sein Jackett vom Zeitungsständer zurück. Die drei Teenager schnappen ihr Gepäck und eilen ungestüm, den kopfschüttelnden Fischer knapp vor der Tür noch überholend, die Ausgangstür hinaus. Auf ihren Plätzen bleibt eine Müllhalde von Cola-Dosen und Papier zurück. Die Stewardess setzt erst an, den dreien etwas hinterherzurufen, verzichtet aber und geht ihnen stattdessen eilends durch den Ausgang nach.

Besonnenen Schrittes verlässt dann Fischer den Raum; ihm folgen Albert Dudas, Gabriele Menck und Joshua Simjamin. Auch Agnes ist aufgestanden, bleibt jedoch vor Isabel stehen, die keine Regung zeigt. Agnes wartet kurz, spricht die Schlafende mehrmals vorsichtig an – ohne Wirkung. Da stellt sie ihr Köfferchen wieder ab, beugt sich, während das Bühnenlicht schwächer wird, zu Isabel nieder und greift die junge Frau sanft an den Schultern. Noch ehe die Zuschauer eine Reaktion der Schlafenden erkennen können, ist die Bühne in Dunkelheit getaucht.

Zweiter Akt.

Das Bühnenbild zeigt den Business-Class-Bereich eines zeitgemäß modernen Interkontinentalflugzeugs. Das Publikum blickt in Flugrichtung und sieht deshalb vorwiegend die Rückenlehnen der Sitze.

Zum Komfort der Business Class gehört, dass die Sitze große Abstände haben, dass die Rückenlehnen der Sitze in Liegeposition verstellt werden können, und dass benachbarte Sitze in Konferenzstellung gedreht werden können.

Über allen Sitzplätzen sind Leselampen, die je nach Aktivität der einzelnen Reisenden an- oder ausgeschaltet werden und so dem Publikum hilfreiche Orientierung im nächtlichen Geschehen des zweiten Akts geben.

Der Business-Class-Bereich auf der Bühne repräsentiert die vordere Kabine des Flugzeugs. Das Publikum darf sich als stummer Teil der Reisegesellschaft fühlen, welche in der hinteren, größeren Kabine (der Economy Class) sitzt. Dementsprechend führen zwei oder drei freie Gänge aus der hinteren Kabine (dem Zuschauerraum) geradeaus zur vorderen Kabine (der Bühne) und dort hin zu Durchgangsöffnungen am Ende der vorderen Kabine. Diese Durchgänge sind mit Stoffvorhängen bedeckt; jenseits der Vorhänge erahnt man die Bordküche, Toiletten und Ausgangstüren.

Es ist Nacht und nahezu dunkel im Passagierraum. Entlang der Gänge auf der Bühne und im Publikum beleuchten am Boden grünliche oder rötliche Markierungslinien schwach den Weg durch die Flugzeugkabinen. In der vor-

deren Reihe der Economy Class (im Zuschauerraum!) sitzen Friederike Brecht, Fielder Pauli, Robert Pawo zum einen sowie Jim Fischer zum anderen auf weit voneinander entfernten Plätzen vor der Bühne. Sie tragen Kopfhörer und starren zur Bühne hin wie auf eine vorn im Flugzeug angebrachte Kinoleinwand. Sie sind zunächst nur Zuschauer.

Die anderen Reisenden befinden sich in der Business Class (also auf der Bühne). Dort ist in schummrigem Nachtlicht zu erkennen, dass die Mehrzahl der Plätze nicht besetzt ist. Auf den wenigen besetzten Plätzen sieht man trotz der Sichteinschränkungen einzelne Konturen: Agnes Bening sitzt ganz links außen am Fenster; eine Reihe hinter ihr, etwas nach rechts versetzt, sitzt Isabel McPhail. In der Mitte der Kabine, abseits der Fenster, sitzt Joshua Simjamin, während Gabriele Menck ganz rechts außen sitzt. Die Leselampen dieser vier Passagiere sind ausgeschaltet, es herrscht Nachtruhe. Allein das Rauschen des Triebwerks und der Lüftung durchdringen monoton die Stille und deuten an, dass sich das System mit großer Geschwindigkeit vorwärts bewegt. Es ist nach mitteleuropäischer Sommerzeit etwa ein Uhr fünfzehn früh. Das Flugzeug hat Mitteleuropa hinter sich gelassen, entlang des Schwarzen Meeres die Sowjetrepublik Ukraine fast überflogen und wird bald den Kaukasus erreichen.

In der Business Class befindet sich noch ein weiterer Passagier: Albert Dudas sitzt weit rechts, direkt am Gang. Seine Leselampe ist eingeschaltet, deshalb erscheint sein Platz in einem warmweißen Lichtkegel. Er ist arbeitsam mit einer Lektüre beschäftigt, in der er auch Notizen macht. Nach kurzer Zeit jedoch nimmt er seine Lesebrille ab, reibt sich die Stirn. Er legt die Lektüre zur Seite, packt sein Schreibzeug ein, löscht das Leselicht.

Nun erkennt man nur noch die Silhouette eines Mannes, der sich zurücklehnt.

Etwas Zeit vergeht. Dann leuchtet in der Dunkelheit des Zuschauerraums ein Blitz auf: Robert hat Friederike von der Seite fotografiert. Anschließend legt er seinen Kopfhörer ab, schnauft durch, steht auf und streckt sich. Er verlässt seinen Platz, arbeitet sich auf die Bühne vor, sieht sich um.

ROBERT *(leise, für sich).* Schicke Möbel hier.

Er bewegt sich weiter durch den rechten Gang. Dabei stützt er sich an den Lehnen der angrenzenden Sitze und macht hier und da ein paar Grimassen und stille Gesten in Richtung der Schlafenden. Ganz vorn angekommen, verschwindet er durch den Vorhang in der Bordküche. Man hört, wie er mit der Stewardess spricht.

ROBERT *(mit halb unterdrückter Stimme).* Haben Sie noch Bier an Bord? ... – Dänisches? Aber ich bitte Sie, das ist doch kein Bier! ... – Ja, das ist mir sehr angenehm. Und einen Becher für meine Begleiterin vielleicht ... Wirklich sehr aufmerksam... – Wie? – Aber ich bitte Sie, das kann ich doch selbst. Und eine Cola für meinen Partner. – Danke, vielen Dank. Wir sind doch hier unter uns.

Als er durch den Vorhang wieder auftaucht, trägt er ein Tablett mit Flaschen und Bechern vor sich her. Auf dem Weg zurück in die hintere Kabine schwankt er kurz und stößt an einen der Business-Sitze. Mit einiger Mühe kann er einen Absturz der Getränke verhindern.

ROBERT. Nicht ganz trivial hier im Windkanal.

Dann kehrt er unfallfrei an seinen Platz im Zuschauerraum zurück und verteilt die Getränke an Fielder und Friederike.

Kurz darauf folgt die Stewardess, wobei sie fürsorgliche Blicke auf die Ruhenden wirft. An Fischer, Fielder, Friederike und Robert gibt sie Päckchen mit Erdnüssen aus. Von Robert lässt sie sich das Tablett zurückgeben. Anschließend dreht sie sich um zur Bühne hin, bleibt aber im Publikum stehen: Da sie nichts zu tun hat, kann auch sie für eine Weile dem an Bord gezeigten Kinofilm zusehen. Die Aufmerksamkeit gilt damit wieder dem Geschehen auf der Bühne. Die Fluggeräusche dringen erneut ins Bewusstsein.

Dann beginnt sich auf der Bühne etwas zu regen. Isabel McPhail entgleiten im Halbschlaf einige unverständliche Worte, Worte wie aus einem fiebrigen Traum. Isabel wälzt ihren Kopf mehrmals von der einen zur anderen Schulter, wacht nun auf, blickt sich orientierend um und erschrickt dabei. Sie setzt sich aufrecht. Sie murmelt: "Ich bin verrückt", *beugt sich nach vorn und verharrt einige Momente in dieser Stellung. Sie stützt sich mit den Armen auf der Rückenlehne des vor ihr befindlichen Sitzes auf, schaut nach Agnes Bening, die daneben sitzt. Isabel zögert, scheint zu überlegen. Schließlich rückt sie noch etwas näher auf die Schlafende zu.*

ISABEL *(im Flüsterton)*. Agnes? *(Sie wartet.)* Agnes? Schläfst du?

AGNES *(sehr ruhig, sehr sanft)*. Ich habe geträumt.

ISABEL. Entschuldigung. Es tut mir leid.

AGNES. Es macht nichts. *(Sie dreht ihren Sitz, so dass sie Isabel besser sehen kann.)*

ISABEL. Ich möchte mich noch einmal bei dir bedanken. Wenn du mich im Flughafen nicht geweckt hättest – ich hätte bestimmt den Abflug verpasst.

AGNES. Hätte ich dich nicht geweckt, dann hätte es die Stewardess getan.

ISABEL. Ihr müsst mich für eine sonderbare Person halten.

AGNES. Jeder Mensch ist einzigartig und immer auch irgendwie sonderbar.

ISABEL. Dass du dich um mich gekümmert hast, ohne mich zu kennen... Du bist so hilfsbereit, und aufmerksam. *(Sie blickt schräg nach vorn zu Joshua, flüstert dann zu Agnes:)* Was weißt du über den großen Mann mit der Brille?

AGNES. Ich kann nur feststellen, dass er sich sehr distanziert verhält.

ISABEL. Irgendwoher kenne ich den. *(Sie sieht sich nochmals in der Kabine um.)* Und wo ist der andere Mann hin, dieser Krawattenträger? – Der Typ hat mich anfangs echt kirre gemacht! Ständig hat er mit seinen Fingern auf seinem Koffer herumgetippt. Und die Stewardess beschäftigt...

AGNES *(schmunzelt).* Herr Fischer ist vorhin nach hinten gegangen, um einen Kinofilm zu schauen. Der war so nervös, der hat die Ruhe hier nicht ertragen.

ISABEL. Nervös bin ich auch. Aber einen Film schauen...? – Nein. Was ist mit dir? Hast du kein Interesse am Entertainment-Programm?

AGNES. Nein.

Isabel blickt nach oben, tastet dann nach dem Schalter für das Leselicht. Das Licht geht an, nun sind die Köpfe der beiden Frauen angenehm beleuchtet.

ISABEL. Agnes – warum eigentlich reist du nach Kanton?

AGNES. Mein Ziel ist nicht Kanton. Ich werde dort nur übernachten, und dann weiterfliegen nach Jinan am Gelben Fluss.

ISABEL. Ach, du fliegst noch weiter? In den Norden Chinas?

AGNES. Ja. Ich muss über Kanton reisen, weil es keinen Direktflug nach Jinan gibt.

ISABEL *(begeistert)*. Und? kennst du dort Leute? Hast du dort Freunde? – Bestimmt erwartet dich jemand!

AGNES *(überrascht)*. Nein. Mich erwartet niemand.

ISABEL *(drängend; etwas ungestüm)*. Aber – was willst du alleine in diesem riesigen fremden Land? Einfach Urlaub machen? *(Sie lässt sich in ihren Sitz zurückfallen.)* 'China'! – Ich bin verrückt. Jetzt, wo ich im Flugzeug sitze, jetzt, wo es zu spät ist, bekomme ich Respekt.. Wenn ... *(Sie bricht ab.)* Es wird mich erschlagen.

AGNES *(ermunternd)*. Für mich ist es kein fremdes Land. Ich denke, ich bin ganz gut vorbereitet.

ISABEL. Du kennst China, weil du schon dort warst. Du warst früher mit deinen Eltern dort. Oder mit einem Freund.

AGNES. Ich war noch nie außerhalb Europas. *(Sie legt ihren Kopf verträumt gegen die Lehne ihres Sitzes.)*

Aber ich habe schon seit vielen Jahren Sehnsucht nach diesem Land.

ISABEL. Und wie kam das?

AGNES *(bemüht).* Als ich ein kleines Mädchen war, hat mir meine Großmutter ein Buch mit chinesischen Märchen geschenkt und mir daraus vorgelesen. Eines der Märchen handelte vom Gelben Fluss... Ich habe inzwischen so vieles über China gelesen. Über seine Geschichte, die Sprachen, die Kultur, die Religionen. – Ich fühle mich einfach hingezogen. Ich will endlich dieses Land erleben, mit seinen Bergen, Flüssen und Dörfern. Und den Menschen begegnen...

ISABEL. Aber die Ereignisse vor zwei Wochen?

AGNES. Das war niederschmetternd. Ich habe nächtelang kaum schlafen können. Aber ich habe nicht einen Augenblick daran gedacht, von dieser Reise zurückzutreten, die ich vor drei Monaten gebucht habe.

ISABEL *(nachdenklich).* Ich habe mich erst vorgestern zu diesem Flug entschlossen.

AGNES. Du bist sehr spontan!

ISABEL. Eigenartigerweise haben die Folgen des Vierten Juni mir die Entscheidung erleichtert. Weil seitdem die Flüge nach China so günstig sind, bin ich kurzerhand diese Reise angetreten. Nun sitze ich hier im Flugzeug, und mich schaudert.

AGNES *(betrachtet Isabel).* Langsam wundere ich mich doch über dich. – Was hat dich denn veranlasst, nach China zu reisen? Man nimmt doch nicht einen dreizehnstündigen Flug auf sich, nur weil er billig ist?

Isabel lässt mit ihrer Antwort auf sich warten. Während Agnes die junge Frau geduldig beobachtet, kommt die Stewardess (die ja die ganze Zeit im Publikum gestanden hat) wieder auf die Bühne. Da das Leselicht über Isabels Platz brennt, macht sie bei den beiden Frauen halt.

STEWARDESS. Kann ich etwas für Sie tun?

ISABEL *(eilig)*. Nein danke.

AGNES. Haben Sie Tee?

STEWARDESS. Ich kann Ihnen Kräutertee oder tropischen Früchtetee anbieten.

AGNES. Dann bringen Sie mir bitte den Früchtetee. Das wäre nett. *(zu Isabel, mit anspornendem Blick:)* Für dich nicht auch, – ?

ISABEL. Also gut. Nein, lieber Kaffee.

STEWARDESS. Gerne. *(Sie zögert, sich zu entfernen.)* Ansonsten – gibt es Schwierigkeiten? Haben Sie keinen angenehmen Flug?

AGNES. Es ist alles bestens. Wir sind nur etwas aufgeregt.

Die Stewardess geht durch den Gang nach vorn, verschwindet durch den Vorhang.

AGNES *(lachend)*. Eben ist mir aufgefallen, dass ich dich noch gar nicht nach deinem Namen gefragt habe!

ISABEL. Ach so. Ich heiße Isabel.

AGNES. Isabel. Schön. Bist du Amerikanerin?

ISABEL. Ich nicht, nein. Mein Vater ist Amerikaner. Meine Mutter ist Deutsche. Ich lebe mit ihr in New Jersey. Normalerweise. Mein Vater ist *officer* in der

U.S.Army, und seit drei Jahren ist seine Einheit in Deutschland, in Heidelberg, stationiert. Im März, also vor einem Vierteljahr, bin ich von Newark nach Frankfurt geflogen.

AGNES. Seitdem lebst du bei deinem Vater in Heidelberg?

ISABEL. Ja. – Kennst du Heidelberg?

AGNES. Nein. Nur dem Namen nach.

ISABEL *(mit etwas traurigem Unterton)*. Naja. Es ist ganz schön dort.

AGNES. Und ihr sprecht zuhause Englisch?

ISABEL. Ja. *(Nach kurzer Stille blickt sie auf.)* Hast du etwas dagegen, wenn ich zu dir vor komme? *(Sie blickt sich wieder in der Kabine um.)* Es kann doch niemanden stören, dass ich meinen Platz wechsle?

AGNES. Komm. Es sind ja so viele Plätze unbesetzt.

Isabel blickt sich nochmals um. Dann erhebt sie sich und steigt um den vorderen Sitz herum. Sie lässt sich direkt neben Agnes nieder und dreht den Sitz ihr zu. Nun bemerkt sie, dass das Leselicht hinter ihr noch brennt. Sie steht abermals auf, dreht sich um und löscht das Licht. Im Halbdunkel bleiben nur noch die Umrisse von Agnes und der stehenden Isabel zu sehen. Nach einer kurzen Stille:

ISABEL. Kannst du mich ans Fenster lassen?

AGNES *(überrascht)*. Natürlich. Klar. Wenn du willst?

ISABEL. Entschuldigung. Ich befürchte, ich bekomme sonst Platzangst.

Die beiden tauschen ihre Plätze, setzen sich. Die Stewardess kommt von vorn wieder in den Gang, bringt auf ei-

nem Tablett Tassen mit Tee und Kaffee. Da die beiden Frauen ihre Plätze gewechselt haben und keine Lampe mehr brennt, bleibt sie zunächst etwas verwirrt stehen, ehe sie die Veränderung durchschaut.

STEWARDESS *(schaltet die Lampen über Agnes und Isabel ein).* Ihr Tee. Ihr Kaffee.

ISABEL. Den hatte ich schon wieder vergessen. Entschuldigen Sie, bitte.

AGNES. Vielen Dank.

STEWARDESS. Ich werde Ihnen noch etwas Teegebäck bringen. *(Sie geht wieder zur Bordküche zurück.)*

AGNES *(nimmt einen Schluck Tee; dann, mit erwartungsvollem Blick).* Nun, Isabel?

ISABEL *(löscht das Licht über ihrem Kopf wieder, streckt dann ihren Arm aus nach dem Schalter für Agnes' Leselicht.)* Darf ich?

AGNES *(schulterzuckend).* Gut!?

ISABEL *(nachdem sie auch Agnes' Licht gelöscht hat).* Entschuldigung. Aber ich fühle mich nicht recht wohl in diesem Licht. *(Sie holt tief Luft.)* Ich werde in China jemanden treffen. Es ist ein Freund von mir. *(Sie seufzt. Agnes blickt sie strahlend an.)* Eigentlich hatte ich gehofft, ihn schon am Flughafen zu treffen. Ich hatte geglaubt, auch er würde jetzt hier in diesem Flugzeug sitzen. *(Sie holt erneut tief Luft. Dann, erleichtert:)* Du bist jetzt der erste Mensch, dem ich das sage.

AGNES *(um Verständnis bemüht).* Ein guter Freund von dir.

ISABEL. Nein. Ich habe ihn überhaupt erst einmal getroffen.

AGNES *(sehr verwundert)*. Und ihr habt euch gleich verabredet?

ISABEL. Wieso verabredet?

AGNES. Na – *(Sie wird von der Stewardess abgelenkt, die das Gebäck bringt.)*

STEWARDESS *(schaltet kommentarlos das Leselicht über Agnes wieder ein)*. Bitte sehr.

ISABEL *(zur Stewardess)*. Ich habe keinen Appetit. *(zu Agnes:)* Du?

AGNES. Nun, ich eigentlich auch nicht.

Die Stewardess blickt die beiden fragend an.

ISABEL *(streng)*. Also, dann dürfen Sie es wieder mitnehmen.

AGNES *(der dies offensichtlich etwas unangenehm ist)*. Aber haben Sie vielen Dank.

STEWARDESS. Verzeihen Sie. *(Sie dreht ab.)*

ISABEL *(zu Agnes; flüsternd)*. Entschuldige bitte. Ich kann das Zeug jetzt nicht sehen.

Sie greift über Agnes hinweg zum Lichtschalter, hält jedoch inne, als im rechten Bereich der Kabine gesprochen wird. Dort hat gerade Albert Dudas sein Leselicht eingeschaltet und spricht nun die Stewardess an, die in die Bordküche zurückgehen will.

DUDAS. Fräulein! Eine Bitte!

STEWARDESS. Herr Dudas?

DUDAS. Können Sie mir bitte unsere aktuelle Position mitteilen. Fliegen wir gerade über Armenien? Oder sind wir schon weiter östlich?

STEWARDESS. Warten Sie einen Moment, bitte. *(Sie verschwindet vorn und kommt nach wenigen Sekunden ohne das Teegebäck wieder.)* Es ist jetzt zwei Uhr nach unserer Herkunftszeit. Wir fliegen nicht über Armenien, Herr Dudas. Wir fliegen nördlich des Kaukasus, etwa dreiundvierzig Grad östlicher Länge.

DUDAS. Nicht über Armenien? – Hm. *(Er denkt nach, blickt dann auf seine Uhr.)* In Kanton ist jetzt acht Uhr früh?

STEWARDESS. Neun Uhr früh, Herr Dudas.

DUDAS. Neun Uhr? Sind Sie sicher? – Ich habe meine Uhr nach der Mitteleuropäischen Sommerzeit umgestellt.

STEWARDESS. Auch in China gilt Sommerzeit, Herr Dudas.

DUDAS. Ach ja, ich vergaß. Ich danke Ihnen. *(nostalgisch:)* Ja, als ich als junger Journalist zum ersten Mal unsere Zeitzone verlassen habe – es muss neunzehnhundertundsechsundvierzig gewesen sein – da hat weiß Gott noch niemand an 'Sommerzeit' gedacht. Ich flog nach London; Winston Churchill – *(Er verwirft die Erinnerung mit einer Handbewegung.)*

STEWARDESS. Darf ich Ihnen noch etwas bringen? Tee, Kaffee, oder vielleicht einen Cognac?

DUDAS. Oh, danke, nein. Ich täte gut daran, noch die eine oder andere Stunde zu schlafen.

Die Stewardess nickt, verschwindet durch den Vorhang. Dudas löscht sein Leselicht.

AGNES *(zu Isabel).* Soll ich das Licht wieder ausmachen?

ISABEL *(gleichgültig).* Ach, lass. Eigentlich spielt es keine Rolle, ob es an ist oder nicht. *(Sie trinkt appetitlos ihren Kaffee aus.)*

AGNES. Das Abendessen mit den süßsauren Garnelen hast du auch schon zurückgewiesen.

ISABEL. Ich hab' seit fast zwei Wochen keinen Hunger mehr. Ich hab' mich zwingen müssen, überhaupt etwas zu essen.

AGNES *(plötzlich mit glänzenden Augen).* Bist du verliebt?

ISABEL *(nickt; senkt den Kopf).* Aber frag' nicht, wie. Ganz schön heftig. *(nach einigen Sekunden Schweigens:)* Es ist ein Chinese.

AGNES *(begeistert).* Ein Chinese? Du bist mit einem Chinesen befreundet? – Das ist ja riesig! Du musst mir erzählen, wie du ihn kennengelernt hast.

ISABEL *(still und nachdenklich).* Er heißt 'Louis'.

AGNES. 'Louis'?

ISABEL. Ja. *(nach einer Pause:)* Jedenfalls ist es möglich, dass er so heißt.

AGNES *(etwas verwirrt).* Und du wirst ihn in Kanton treffen?

Isabel steht, anstatt zu antworten, auf, dreht sich um und holt von hinten ihre Tasche. Diese öffnet sie und zieht ein vormals wüst zerknittertes, nun sorgsam gefaltetes Blatt Papier hervor, faltet es auseinander.

ISABEL. Nein. Er wohnt in Gongwu. Das ist ein Ort sechzig Meilen von Kanton entfernt. *(Sie reicht Agnes das auseinandergefaltete Blatt Papier, wobei sie mit dem Finger auf eine ganz bestimmte Stelle zeigt:)* Hier. Heißt das nicht 'LOUIS'? Und 'GONG WU'?

AGNES *(verwundert; skeptisch das Papier prüfend).* Hm. Es könnte ebenso... *(Sie zuckt ratlos die Schultern.)* – es könnte ebenso gut eine Zahlenkombination sein.

ISABEL. Man muss raten, ich gebe es zu. Aber 'Louis' aus 'Gongwu' ist das einzige, was einen Sinn ergibt. Und es ist mein einziger Anhaltspunkt.

AGNES. Was ist das eigentlich für ein seltsames Papier?

ISABEL. Ich habe es in der Heidelberger Universitätsbibliothek aus einem Papierkorb herausgeholt.

AGNES. Du bist Studentin?

ISABEL. Ja. Ich verbringe ein Auslandssemester in Deutschland. *(sorgenbeladen:)* Wenn meine Mutter wüsste, wo ich jetzt bin... *(wichtig:)* Sieh hier oben auf das Datum! *(Sie deutet auf eine Stelle am oberen Rand des Blattes.)* Mittwoch, siebter Juni.

Unterdessen hat sich im Publikum Fielder Pauli von seinem Platz aufgemacht. Mit dem leeren Becher Cola in der Hand ist er auf die Bühne gegangen und steht nun bei Agnes im Gang.

FIELDER. Hallo, ihr Lotusblüten.

AGNES *(schaut ihn schräg und etwas verärgert an)*. Lotusblüten? Bist du ein Erleuchteter?

FIELDER. Nö. Immer noch normalsterblich. Mit ganz gewöhnlichen Bedürfnissen... Wo ist denn hier der Ausstieg? *(Er wartet kurz die Reaktion ab.)* Ich muss mal für kleine Jungs – ihr wisst schon. Hab' zuviel Cola konsumiert. Und hinterher noch Freddys Bier ausgetrunken.

AGNES. Ihr habt doch da hinten auch Toiletten?

FIELDER. Ja, schon. Vier Stück. Aber jetzt möchte ich auch mal die vorn durchprobieren. *(Er blickt sich um)*. Vornehm ist es hier.

AGNES *(mit einem Handzeichen)*. Die Toiletten sind da vorn. Ab durch den Vorhang!

Fielder wankt den Gang vor, verschwindet durch den Vorhang.

ISABEL *(nachdem sie sich gesammelt hat)*. Es war Mittwoch, der siebte Juni. Also drei Tage nach dem Vierten Juni. Abends um halb acht. Es war im Medienbereich unserer Bibliothek, wo man Tonträger und Filme zu wissenschaftlichen Zwecken nutzen kann. Ich hatte mir aus dem Archiv einen Videofilm bestellt: die "Heidelberger Romanze". Dass ich ihn zu Studienzwecken brauchte, stimmte natürlich nicht. Vielmehr wollte ich ihn einfach zum Vergnügen ansehen, weil meine Mutter mir in Amerika davon erzählt hatte. Jedenfalls habe ich mich auf die Liste für die Videoarbeitsplätze eingetragen und bin in den Videoraum – *(Sie wird von einem kurzen, grellen Schrei unterbrochen.)* – Was war das?

AGNES *(dreht sich in Richtung Bordküche).* Dieser Bengel. Der weckt hier noch alle auf.

Inzwischen ist auch das Licht über Gabriele Menck angegangen. Gabriele ist eilig aufgestanden und geht auf den Vorhang am Ende des Ganges zu, um nach dem Rechten zu sehen.

FIELDER *(der grinsend von dort wieder hervorkommt).* Ist die hysterisch, die Stewardess. Ob etwas mit dem Piloten nicht stimmt?

GABRIELE. Es ist schön, wenn Sie ausgelassen und guter Stimmung sind. Aber bitte zügeln Sie Ihren Übermut und denken daran, dass nicht jedem hier zum Feiern oder Spaßen zumute ist. *(Sie setzt sich wieder.)*

FIELDER. Schon gut. *(Als er wieder an Agnes und Isabel vorbeikommt, flüstert er:)* Sagt mal, habt ihr auch von den Garnelen gegessen? – Ich hab' das Gefühl, die waren nicht in Ordnung. Die haben so seltsam süß und sauer geschmeckt. Robert hat sich anschließend komisch benommen, und jetzt auch die Stewardess... – Wollen wir hoffen, dass der Pilot eine andere Mahlzeit bekommen hat.

Er geht feixend davon, hin zu seinem Platz in der Economy Class.

ISABEL *(nachdem sie ihm einige Augenblicke lang hinterhergesehen hat).* Also es war halb acht am Abend, und ich habe mich in den Videoarbeitsraum gesetzt. Dort sind Fernsehapparate und Videorecorder aufgebaut, und es ist ziemlich dunkel. Ich hatte mir den Platz Nummer sechs für zwei Stunden reserviert. *(Man merkt Isabel an, wie sehr sie sich bemüht, eine Linie in ihr Erzählen zu bringen.)* Aber das ist jetzt nicht wichtig. Wichtig ist, dass ich es nicht schaffte, den Videorecorder mit der "Heidelberger Romanze" zu starten. Obwohl ich alles versuchte – es gelang mir einfach nicht.

AGNES. Was hast du dann gemacht?

ISABEL. Ich habe mich in dem Zimmer umgeschaut. Nebenan, am Platz vier, saß ein Student, den wollte ich um Rat fragen. Also ging ich hinüber, um ihm vorsichtig auf die Schulter zu tippen. *(Sie atmet durch, sammelt sich.)* Wie alle anderen in der Mediathek hatte auch er einen Kopfhörer auf. Ich bemerkte, dass er wie ein... *(Sie sucht nach einem Ausdruck.)* – Fahnder, ja wie ein Fahnder auf den Bildschirm starrte. Es war eigenartig: Seine Augen waren wie gebannt, während er mit einer Hand die Fernbedienung des Videorecorders festhielt und mit dem Zeigefinger der anderen Hand alle paar Sekunden auf die Tasten hackte. Er spulte eine Videoaufnahme hin und her und ließ sie in Zeitlupe laufen.

AGNES. Was für eine Videoaufnahme?

ISABEL. Ja, das ist jetzt natürlich das wichtigste: Es war ein Mitschnitt einer aktuellen Fernsehsendung. Es waren Bilder aus Peking, vom Platz des Himmlischen Friedens, Bilder vom Vierten Juni: Aufnahmen, die zeigten, wie die Armee mit Panzern und Wasserwerfern gegen die Demonstranten vorrückt. *(Agnes lehnt sich beklommen zurück; Isabel atmet tief durch.)* Ich gebe zu, dass ich mich nie sehr für Politik interessiert habe, und dass ich bis dahin wenig mitbekommen hatte von diesem Ereignis. China lag für mich viel zu weit weg, jenseits meines Horizonts.

AGNES. Hast du dich ihm dann bemerkbar gemacht?

ISABEL *(nun ganz in ihrer Erzählung versunken).* Ich weiß nicht, wie lange ich reglos hinter ihm gestanden habe. Die Bilder haben mich wirklich mitgenommen. Und es war auch dieser Mann, der mich bewegte... Der sah so abenteuerlich aus... – vielleicht wie Dschingis Khan... *(Sie erinnert sich an Agnes' Frage.)* Irgendwann nahm er mich von alleine wahr, wie ich so still hinter ihm stand, und wie mein Blick zwischen ihm und dem Bildschirm hin- und herpendelte. Da nahm er den Kopfhörer von seinen Ohren ab und bot mir sofort seine Hilfe an. Ich habe mindestens dreimal "Entschuldigung" gestottert, ehe ich imstande war, ihm mein Problem zu erklären. *(Sie rückt Agnes näher.)* Du, Agnes. Ich bin so gerührt gewesen von ihm. So beeindruckt, weil ich gespürt habe, dass er litt unter den Fernsehbildern, und weil er mich trotzdem anlächelte. Er ging mit mir hinüber zu meinem Platz und schloss den Monitor richtig an den Videoapparat an, und schon funktionierte alles. Ich dankte ihm mehrmals. "Aus welcher Sendung stammen diese Bilder, die du da siehst?", fragte ich ihn vorsichtig, um ihm nicht zu nahe zu treten. Er antwortete freundlich, aber ich merkte, dass ihm meine Unwissenheit wehtat. Er sagte: "Ich kann nicht fernbleiben. Ich muss sofort zurück." Er hat nicht sehr gut Deutsch gesprochen.

AGNES. Und jetzt ist er dort. In China.

ISABEL. Ich habe keinen Zweifel. Er sagte es so bestimmt.

AGNES. Und die "Heidelberger Romanze"? Hast du die danach noch angeschaut?

ISABEL *(etwas zu laut)*. Ach was! Kitsch! Diese Schnulze! – Ich kam mir so lächerlich vor. Louis sah diese trostlosen Aufnahmen, und ich spielte nebenan diese alberne Romanze ab. Ich habe ständig hinüber gespäht, wo er saß, und überlegt, wie ich ihn nochmals ansprechen könne. *(Sie macht eine verzweifelte Bewegung.)* Wenn ich nur besser Bescheid gewusst hätte über die Politik und all das! *(Sie beruhigt sich wieder.)* Aber schon nach wenigen Minuten stand er auf. Mir stockte das Herz. – Weißt du, was er tat? *(Agnes schüttelt den Kopf.)* Er winkte mir zu. *(wütend:)* Und ich, ich dumme Gans, vor lauter Sprachlosigkeit, vor lauter Verlegenheit drehte ich den Blick von ihm ab und auf meinen dämlichen Bildschirm zu! Anstatt ihn festzuhalten! *(Sie reißt sich zusammen.)* Es dauerte kurz, dann hatte ich's begriffen. Ich riss mir den Kopfhörer herunter, sprang auf und rannte ihm nach –

AGNES. – er war fort?

ISABEL *(heftig)*. Natürlich war er fort! Ich sah ihn gar nicht mehr! – Ich lief bis hinaus auf die Straße. Fast hätte mich ein Auto erfasst. Ich war aufgewühlt. Ich suchte in allen Richtungen nach ihm, sprach sogar Leute an. Alles vergeblich. *(nachdenklich:)* Als er weg war, habe ich gespürt, dass wir zusammen gehören. Dass er mich brauchen kann... *(beschwörend:)* Ich werde ihn wiederfinden! *(Sie reibt sich die Augen.)* Bitte, kannst du das Licht jetzt wieder ausmachen?

AGNES. Selbstverständlich. *(Sie schaltet das Leselicht aus.)* Und dieser Zettel – das ist die Belegungsliste für die Videoarbeitsplätze? – Ich las eben hier auch deinen Namen.

ISABEL. Ja. Da trägt man sich ein. Am nächsten Tag habe ich die Liste aus dem Papierkorb gefischt. Jetzt weiß ich immerhin seinen Namen und diesen Ort 'Gongwu'.

AGNES. Du scheinst dich Hals über Kopf verliebt zu haben?

ISABEL *(seufzend)*. Ja. Wenn ich nur nicht diese erste Begegnung verpatzt hätte. Danach ist mir alles entglitten.

Während Isabel jetzt zu schweigen beginnt, geht ein Leselicht über einem Platz in der Mitte der Kabine an. Joshua Simjamin, der dort bislang völlig unauffällig gesessen hat, steht nun auf. Da er seine dunkle Brille abgelegt hat und ihm das Licht offenbar Schmerzen bereitet, führt er eine Hand wie ein Schutzschild über seine Augen. Er geht ein paar Schritte im Gang, bis er etwas Abstand zur Lichtquelle hat, und löst die Hand wieder von den Augen. Im dämmrigen Kabinenlicht erscheint die steife, dürre Statur des stehenden Mannes sonderbar groß. Er lässt seinen Kopf in den Nacken fallen, starrt einige Sekunden lang still auf die Decke des Flugzeuginnenraums. Sein Rücken ist dem Publikum zugekehrt.

Schließlich dreht sich Joshua und geht weitere Schritte im Gang auf und ab. Da er sich unbeobachtet fühlt, beginnt er eine kleine gymnastische Übung. Als die Stewardess durch den Vorhang kommt, beendet er diese Übung abrupt.

JOSHUA. Ich – , ich... *(Er beginnt zu husten.)*

STEWARDESS. Kann ich etwas für Sie tun?

JOSHUA *(mit schwacher Stimme)*. Ja. – Nein, Sie können eigentlich nichts... – Doch. Die Uhrzeit. Ich wollte die Uhrzeit wissen, aber meine Augen – Ich sehe nicht gut bei Nacht –

STEWARDESS *(freundlichst)*. Es ist jetzt viertel vor drei Uhr Mitteleuropäischer Sommerzeit, viertel vor vier Uhr Ortszeit und viertel vor zehn Uhr in Kanton.

JOSHUA. Ortszeit? Was heißt 'Ortszeit'?

STEWARDESS. Wir erreichen mittlerweile das Kaspische Meer.

JOSHUA *(murmelnd)*. Dann wird es bald hell. *(zur Stewardess:)* Werden wir über Indien fliegen?

STEWARDESS. Nord-Indien, ja. *(Sie blickt ihn scharf an.)* Sagen Sie – ist Ihnen nicht gut? – Vorhin schon hat sich jemand über das Essen beschwert. – Es wäre uns unerklärlich.

JOSHUA. Nein, nein. Es ist nur – mein Bein war eingeschlafen. Ich musste mir die Füße vertreten.

Gabriele Menck ist im Dunkeln aufgestanden und hat sich den beiden genähert.

GABRIELE *(zur Stewardess)*. Die Abendmahlzeit war ausgezeichnet. Nehmen Sie diese aufgedrehten Frechdachse nicht ernst.

STEWARDESS. Können Sie auch nicht schlafen, Frau Menck?

GABRIELE *(zurückhaltend)*. Ich kann nicht schlafen, aber das hat eigene Gründe.

Im Gang gedrängt, stehen sich die drei einige Momente lang schweigend gegenüber. Der Passagierraum wirkt in dieser Szene groß, leer und kühl.

GABRIELE *(zur Stewardess)*. Dieser Flug muss auf Sie wie ein Geisterflug wirken.

STEWARDESS *(erst lachend, dann ernst)*. Erzählen Sie es nicht weiter, aber vorhin war ich sogar für einige Minuten eingenickt, bis mich dieser junge Kerl überrascht hat. – Ja, es ist schon merkwürdig: nahezu leere Passagierkabinen, die Besatzung auf ein Minimum reduziert, zwischendurch sogar Zeit zum Ausruhen.

GABRIELE. *Nachhaltig* ist es jedenfalls nicht, mit einem praktisch leeren Jet nach Fernost zu fliegen...

STEWARDESS. Auf dem Rückflug wird das Flugzeug vollbesetzt sein.

GABRIELE. Sie fliegen morgen schon wieder zurück?

STEWARDESS. Ja, bereits kommende Nacht.

GABRIELE. Wahrscheinlich wird sich die Situation binnen weniger Wochen wieder normalisieren.

STEWARDESS. Ich hoffe sehr, dass es schneller geht. Es ist eine prekäre Situation. *(Sie erblickt die leeren Tassen an Agnes' und Isabels Platz.)* Sie entschuldigen mich. *(zu den beiden jungen Frauen:)* Ich komme gleich zu Ihnen.

Sie geht zuerst weiter in die hintere Kabine, um sich dort nach dem Befinden der Passagiere zu erkundigen.

GABRIELE *(zu Joshua)*. Ist es Ihr erster langer Flug?

JOSHUA *(reserviert)*. Nein. Ich komme aus den Staaten.

GABRIELE. Tatsächlich? – *(gesellig:)* Kommen Sie, wir setzen uns. Darf ich neben Ihnen Platz nehmen?

JOSHUA *(unvorbereitet)*. Neben mich? – Gut, wenn Sie wollen.

Gabriele Menck sucht sich einen Platz in der Mitte der Kabine aus. Bevor sie sich setzt, gibt sie mit einer einladenden Armbewegung Joshua ein Zeichen, es ihr gleichzutun. Joshua zögert, setzt sich dann aber neben sie.

Inzwischen ist die Stewardess wieder in die vordere Kabine zurückgekehrt. Sie bringt Geschirr und Abfälle mit, die sie bei den Fluggästen in der hinteren Kabine eingesammelt hat.

STEWARDESS *(schaltet das Licht über Agnes ein, nimmt Isabel und Agnes die Tassen und Löffel ab)*. Sie haben noch irgendwelche Wünsche?

AGNES *und* **ISABEL** *(fast gleichzeitig; verneinend)*. Vielen Dank.

Die Stewardess geht weiter in die Bordküche.

AGNES. Was hast du noch über ihn in Erfahrung gebracht, Isabel?

ISABEL *(holt tief Luft)*. Ich habe Telefonbücher, Einwohnerlisten, Adressbücher der gesamten Region durchgestöbert. Einen Menschen namens 'Louis' – ich dachte, ich *müsste* ihn auffinden können. *(Sie lacht über sich selbst:)* Ich bin sogar ins China-Restaurant gegangen und habe nach ihm gefragt.

AGNES. Was haben die gesagt?

ISABEL. Dass 'Louis' kein typisch chinesischer Name sei.

AGNES. Seit den fünfziger Jahren haben sich viele Chinesen westliche Beinamen gegeben.

ISABEL. Na also.

AGNES. Du sagst, er habe schlecht deutsch gesprochen. Vermutlich war er nur vorübergehend in der Stadt. Ohne amtlich gemeldeten Wohnsitz.

ISABEL. Vermutlich. Ich habe trotzdem geglaubt, ihn noch in Heidelberg finden zu können, bevor er nach China zurückkehrt. *(mit fester Stimme:)* Wenn ich ihn in China gefunden habe, dann werde ich reden. Nicht mehr errötet wegsehen, nicht mehr zögern und nicht mehr herumstottern. Ich weiß inzwischen genau, was ich ihm sagen möchte.

AGNES *(gerührt von Isabels Naivität).* Du hast ein Ziel in China, so wie ich eines habe, Isabel.

ISABEL *(blickt Agnes an).* Seit ich mit dir reden konnte, seit du mir zugehört hast, bin ich ruhiger geworden. Ja, wie ruhig ich bin! Und zuversichtlich. – Vielleicht kann ich jetzt auch wieder schlafen.

Indem nun Agnes das Leselicht wieder löscht, tauchen die beiden jungen Frauen wieder ins Halbdunkel.

Sodann schaltet Gabriele Menck das Leselicht über ihrem Platz an, woraufhin Joshua Simjamin leicht zusammenzuckt.

GABRIELE. Tut es Ihnen weh?

Joshua schüttelt schwach den Kopf.

GABRIELE. Ihre Augen sind sehr empfindlich? – Ich kann das Licht auch wieder ausschalten...

JOSHUA. Das ist nicht nötig. *(zögerlich:)* Ja, meine Augen sind zur Zeit sehr empfindlich.

GABRIELE. Sind Sie in ärztlicher Behandlung?

JOSHUA *(nach einer Pause)*. Ja. *(nach einer weiteren Pause:)* Aber nicht wegen der Augen.

GABRIELE. Ist es etwas sehr Ernstes?

JOSHUA *(nach einer weiteren Pause)*. Nein. Vielleicht ist es eine Berufskrankheit. Eine Krankheit, die unsereinen einfach treffen kann.

GABRIELE. Aber das Fliegen an sich macht Ihnen nicht zu schaffen?

JOSHUA *(allmählich genervt)*. Fliegen ist kein Problem. Ich muss nur vermeiden, schwer zu tragen. *(Er dreht sich von Gabriele weg.)* Verzeihen Sie, aber ich habe keine Lust, mit jedem über meine Lasten zu sprechen.

GABRIELE *(etwas verunsichert)*. Entschuldigung. *(nach kurzem Überlegen:)* Als ich vorhin im Gang auf Sie zugekommen bin, hatte ich das Bedürfnis, mit jemandem zu reden. Ich hielt es nicht mehr aus, hier anonym unter Einzelreisenden im dunklen Passagierraum zu hocken, fortwährend gegen die Lehne des Vordersitzes zu starren und nichts vom Andern zu wissen. *(Sie macht wiederum eine Pause.)* Ich hätte Sie nicht angesprochen, wenn ich nicht gesehen hätte, dass auch Sie nicht schlafen können.

JOSHUA. Erzählen Sie doch etwas über sich. Vermutlich sind Sie auch krank. Vermutlich ist jeder krank, der sich in dieses Flugzeug gesetzt hat und jetzt in diese Richtung fliegt.

GABRIELE *(leicht gekränkt)*. Das sehe ich nicht so. Nein, es ist nicht jeder krank, der sich gegen den Strom bewegt.

JOSHUA *(ohne Gabriele anzublicken)*. Sie haben recht. Entschuldigen Sie bitte meine unbedachten Worte.

GABRIELE *(nach kurzem Schweigen)*. Sie brauchen sich nicht zu entschuldigen. Ich bin manchmal zu aufdringlich.

Es ergeben sich einige Sekunden der Stille.

GABRIELE *(mit einem Lächeln)*. Ich bin manchmal zu aufdringlich, denn ich mische mich gerne ein. Und ich beobachte gerne meine Mitmenschen. So auch jene, die auf diesen Flug zusammengekommen sind: Die beiden jungen Kerls und die Göre. Den Geschäftsreisenden. Den Journalisten. Die beiden jungen Frauen. Und Sie. Was mir an Ihnen aufgefallen ist, das ist Ihr Schmerz. *(Sie atmet tief durch.)* Auch ich trage einen gewissen Schmerz mit mir, und das verbindet mich mit Ihnen. *(Sie blickt Joshua an.)* Ich hatte so viel Energie und so viele Ideen, aber auf einmal scheint dies alles aufgebraucht, nichts mehr übrig zu sein. Nur noch Schwäche. Ich bin enttäuscht, weil diese Welt nicht so ist, wie ich sie mir wünschte. *(Nach kurzem Schweigen lacht sie leicht auf.)* Warum fällt es uns Menschen so schwer einzusehen, dass nicht wir das letzte Wort haben? – Welch ein Chaos gäbe es, würde *unser* Wille den Gang der Welt bestimmen! *(Sie wirkt auf einmal verzagt.)* Wenn ich Sie belästige, dann, bitte, geben Sie einfach ein Handzeichen.

Wieder ergeben sich einige Sekunden der Stille.

JOSHUA *(nach einiger Zeit; starr)*. Warum reisen Sie nach China?

GABRIELE. *(lebendig:)* Haben Sie Ende April und im Mai im Fernsehen die Berichte von dort gesehen? All die jungen Studenten auf den Straßen und Plätzen? Die Arbeiter und Journalisten, die sich ihnen anschlossen? Haben Sie ihre Begeisterung gesehen? Diese beeindruckenden, friedlichen Demonstrationen, als Gorbatschow in Peking war? – Zum ersten Mal in der Geschichte der Volksrepublik China hat sich eine selbstständige öffentliche Meinung artikuliert. Es gab Streiks, Sit-ins, eine Zeltstadt auf dem Platz des Himmlischen Friedens: eine vehemente Bewegung, die forderte, dass *jeder* das Recht habe, sich zu Wort zu melden und die Zukunft mitzugestalten. *(Sie wird wieder nachdenklicher.)* Ich freute mich mit diesen Menschen, und ich glaubte, dass ihre Courage den Menschen in aller Welt zum Aufbruch verhelfen könne. In Europa wie in Amerika, im Osten wie im Westen. Diese Menschen waren es, die mir Kraft gaben, wieder begeistert zu tun, was ich zuletzt nur noch gewohnheitsmäßig getan hatte: mich für die Schwächeren einzusetzen. *(erläuternd, mit einem Blick zu Joshua:)* Seit ich verheiratet bin, führe ich einen kleinen Dritte-Welt-Laden und halte Kontakte zu Ländern in Afrika und Südamerika. Obwohl ich auf wenig Resonanz bei meinen Mitbürgern gestoßen bin, habe ich mich viele Jahre gerne engagiert. *(betrübt:)* Die Aufbruchstimmung, die Zuversicht der jungen Chinesen – welch ein bitteres Ende haben sie gefunden. Über Nacht wurde die Bewegung von Panzerketten niedergewalzt. *(eindringlich:)* Zuhause habe ich Jahrzehnte lang für meine Ideale gekämpft. Gegen die Schattenseiten unseres Wohlstands, gegen das Desinteresse unserer Gesellschaft, auch gegen das Desinteresse in meiner eigenen Familie. Und jetzt? – Jetzt sind wir alle ernüchtert. Aber es drängt mich, solidarisch zu sein mit den Gescheiterten. In China kann ich in der

Masse untertauchen, eine unter vielen sein. Wenn wir uns sammeln, nicht resignieren, wenn wir unendliche Geduld haben, dann wird es weitergehen... *(Sie legt nun eine Pause ein. Danach:)* Wie haben Sie die jüngsten Ereignisse erlebt?

JOSHUA *(nachdem er lange auf die Antwort hat warten lassen).* Meinen Fernseher habe ich abgegeben. Mein Radio auch.

GABRIELE *(verwundert).* Aber Sie lesen doch Zeitung?

JOSHUA. Nicht mehr.

GABRIELE *(wendet ihren Kopf wieder ab).* Als ich mich vor einigen Tagen zu dieser Reise entschloss, habe ich nicht geahnt, wie schwer mir der Flug fallen würde. Nun jage ich tatsächlich über Jugoslawien, Afghanistan, Indien hinweg, aber mich beschäftigen nicht die Menschen, die ich sehen werde, sondern diejenigen, von denen ich mich entferne: mein Ehemann, meine erwachsenen Töchter, meine gewohnte Umgebung. Ich habe mich losgerissen, weil ich enttäuscht von ihnen bin. Sie haben nicht verstanden, weshalb ich immer an die Benachteiligten erinnerte. Sie haben nicht verstanden, weshalb ich die Kasse meines Dritte-Welt-Ladens immer wieder mit eigenem Geld auffüllte, weil er nicht wirtschaftlich zu betreiben war. – Ich bin froh, dass ich fort bin, und doch ist mir zum Weinen zumute. *(Sie streckt ihren Arm aus in die Tiefe der Kabine:)* Dieser unbehagliche Raum! Dieses bedrückende Rauschen!

JOSHUA *(endlich; etwas bemüht).* Wohl dem, der schlafen kann.

GABRIELE *(nach einer Pause, sehr direkt:)* Warum reisen *Sie* nach China? Was raubt Ihnen den Schlaf?

Joshua bleibt kühl und schweigt. Unnahbar verharrt er in einer angespannten Stellung.

Das Gespräch auf der Bühne verstummt. Das Geschehen verlagert sich nun wieder in den Zuschauerraum. Dort hat Robert mit der neben ihm sitzenden Friederike hedonistischen Kontakt aufgenommen. Dann steht er auf und zieht Friederike nach sich durch den Gang in die vordere Kabine, also auf die Bühne. Das übermütige Teenagerpaar wirkt hier unpassend.

FRIEDERIKE *(sieht sich um).* Schnieke Sessel hier.

Als Friederike im Schein des Leselichtes die stummen, ernsten Gesichter Gabriele Mencks und Joshua Simjamins bemerkt, drängt sie Robert zaghaft, sie loszulassen.

ROBERT. Was hast du denn?

Friederike starrt stumm auf Joshua. Robert bleibt ohne Reaktion. Er hält weiter engen Körperkontakt zu seiner Freundin.

FRIEDERIKE. Robert... nicht. Lass...

ROBERT. Warum?

FRIEDERIKE *(diskret).* Du bist betrunken!

ROBERT *(laut).* Ja!

Friederike, noch immer auf Joshua und Gabriele starrend, greift nun nach Roberts Hand.

FRIEDERIKE. Komm.

Sie geht den Gang ganz nach vorn durch, zieht Robert hinter sich her. Die beiden verschwinden durch den Vorhang.

GABRIELE. Ich mag sie nicht, die beiden. Sie benehmen sich provozierend.

Joshua reagiert nicht. Wenige Sekunden später scheint Gabriele kurzzeitig das Herz zu stocken.

GABRIELE. Diese großen Luftlöcher drehen mir jedes Mal den Magen um.

Sie wartet vergeblich auf ein Wort von Joshua, dreht sich ihm dann von der Seite her zu.

GABRIELE. Ich überlege, was Sie denn beruflich machen...

Joshua wendet seinen Kopf ab von Gabriele und vom Licht. Er sucht ein Fenster, um in die Nacht hinaus zu starren.

JOSHUA. Ich bin Handwerker.

GABRIELE. Handwerker? – Interessant. Dabei haben Sie so feingliedrige Hände... Mit welchen Materialien arbeiten Sie?

JOSHUA. Ich habe Jahre lang mit Stein und Metallen gearbeitet. Und mit anderem Zeug. Zuletzt weniger praktisch, mehr im planerischen Bereich.

GABRIELE *(nach einer Pause)*. Ich weiß immer noch nicht, weshalb Sie nach China reisen.

JOSHUA. Ich suche mein Gleichgewicht.

GABRIELE. Sind Sie sehr einsam?

JOSHUA. Warum interessieren Sie sich für mich?

GABRIELE. Ich möchte Ihnen gerne helfen.

JOSHUA *(kühl)*. Es ist falsch zu glauben, der Mensch brauche andere Menschen, um seine Probleme zu lösen. Oft ist doch gerade das ständige Reden, Erklären und Diskutieren die Ursache für seine Probleme.

GABRIELE *(zieht sich jetzt zurück, blickt leer geradeaus)*. Warum. Ja, warum will ich helfen. *(Sie richtet ihren Oberkörper auf, verharrt kurz in dieser Position des Aufbruchs, erhebt sich dann.)* Ich werde jetzt wieder auf meinen Platz zurückkehren.

Gabriele Menck löscht das Leselicht, entfernt sich, bleibt dann als dunkle Kontur zunächst unschlüssig im Gang stehen. Sie geht zurück bis an den Rand der Bühne, starrt in den Publikumsraum, dreht sich wieder um. (Gleichzeitig erhebt sich Fielder von seinem Platz im Publikum, gähnt, schaut nach links und rechts, reibt sich die Augen.) Gabriele setzt sich auf ihren ursprünglichen Platz. Sie starrt durch ein Fenster hinaus.

Inzwischen ist Fielder durch einen Gang auf die Bühne gekommen.

FIELDER. Wo sind die nur? *(Er geht nach vorn, durch den Vorhang. Man hört, wie er an einer Tür rüttelt.)* Robert? Freddy? Seid ihr da drin? *(Er kommt wieder hervor.)* Ich halt's nicht aus. Die haben sich zu zweit im Klo eingeschlossen. Zehntausend Meter über Normal-Null. *(Er bewegt sich zu seinem Platz im Publikum zurück, schüttelt den Kopf.)*

Auf der kaum erhellten Bühne sind für eine Weile wieder nur die (zu Ende gehende) Nacht und die Luftgeräusche präsent. Kurz leuchtet über Albert Dudas' Platz das Lese-

licht auf. Nachdem Dudas einen Blick auf seine Uhr geworfen hat, schaltet er es wieder aus.

Bald kommt durch den Vorhang die Stewardess wieder in die vordere Kabine, blickt sich fürsorglich um, geht dann weiter in die Economy Class. Da auch dort alles ruhig ist, geht sie durch den Gang zurück und verschwindet wieder hinterm Vorhang.

Es wird jetzt rasch hell auf der Bühne. Indem von außen nun Tageslicht in den Innenraum des Flugzeugs scheint, wird deutlich, dass das Flugzeug auf seinem Weg nach China inzwischen strahlenden Morgen erreicht hat. Nahezu alle Passagiere schlafen, auch Fielder und Jim Fischer im Publikum. Einzig Agnes ist wach; sie blickt froh und beeindruckt über Isabel hinweg nach draußen, in den Himmel. Der Flug ist ruhig; man hört nur ein monotones, friedliches Rauschen. Gut zwei Stunden sind im Nu vergangen.

Agnes betrachtet Isabel, deren Kopf im Schlaf zur Seite gesunken ist. Sie lächelt. Dann steht sie auf und geht durch den Gang nach vorn zur Toilette. Man hört, dass sie mehrmals an eine Tür klopft.

Kurz darauf kommt sie durch den Vorhang wieder hervor: Mit verwundertem Gesichtsausdruck blickt sie in den Raum. Sie geht dann zur hinteren Kabine, wo sie für einen Moment stehenbleibt, sich umschaut und schließlich an den wie ein Murmeltier schlafenden Fielder herantritt. Sie tippt ihm vorsichtig auf die Schulter. Da er zunächst nicht reagiert, beginnt sie leicht an ihm zu rütteln. Endlich öffnet er die Augen. Agnes beugt sich zu ihm herab, flüstert ihm etwas zu. Fielder richtet sich auf, wirft einen verdutzten Blick auf die beiden leeren Plätze neben sich. Hastig springt er dann hoch, läuft auf die Bühne und nach vorn zur Toilette durch. Agnes folgt ihm, bleibt aber vor dem Vorhang stehen. Wieder hört man ein Klopfen an der Tür, dann ein Rütteln, dann Fielders bange Stimme: "Robert? Freddy? Seid ihr da drin?" Im nächsten Moment kündigt ein elektronisches Knacken eine Durchsage des Flugkapitäns an.

(LAUTSPRECHERSTIMME). Verehrte Fluggäste! Ich wünsche Ihnen einen wunderschönen guten Morgen. Ich hoffe, Sie hatten bisher einen angenehmen Flug und eine geruhsame Nacht. – Draußen begrüßt Sie ein strahlender zwanzigster Juni über Zentralasien. Wir sind an Indiens Hauptstadt Delhi vorbeigeflogen und nähern uns Kathmandu und Bangladesh. Bis zur Ankunft im Flughafen Baiyun in Kanton sind es noch gut vier Stunden...

Während die Stimme weiterspricht, tritt Fielder durch den Vorhang wieder hervor. Mit knappen Worten erklärt er Agnes die Situation. Seine Worte und Agnes' Erwiderung werden von der Ansprache des Kapitäns übertönt:

(LAUTSPRECHERSTIMME). ... In Kanton erwartet Sie ein wolkenloser, klarer Himmel. Die Tageshöchsttemperatur dort beträgt neunundzwanzig Grad Celsius. Verehrte Fluggäste, falls Sie nun Ihre Uhr umstellen möchten: Nach chinesischer Küstenzeit ist es gerade dreizehn Uhr zwanzig. Wir werden in Kanton also am späten Nachmittag landen. Sollten Sie noch Auskünfte über die Zollbestimmungen und Einreisevorschriften in China wünschen, oder Fragen irgendwelcher Art haben...

Alle Passagiere haben mittlerweile die Augen geöffnet und sind mehr oder minder wach geworden. Eben tut sich vorn der Vorhang auf und Friederike Brecht tritt hervor.

Sie schwankt, wirkt bleich, kann sich aber mit Unterstützung beider Arme selbstständig auf den Beinen halten. Ihre Haare sind wüst zerzaust, ihr Make-up ist verschmiert. Albert Dudas, längst hellwach, hat sich von seinem Platz erhoben. Er packt Fielder am Oberarm, versucht sich einen Überblick zu verschaffen. Energisch verschwindet er dann durch den Vorhang, zieht Fielder nach.

(LAUTSPRECHERSTIMME). ... bitte wenden Sie sich an unser Personal. – Ich wünsche Ihnen noch ein paar kurzweilige Stunden an Bord.

Im folgenden Moment stößt Dudas rückwärts durch den Vorhang. Gemeinsam mit Fielder schleppt er den bewusstlosen Robert in den Gang. Agnes und Friederike treten erschrocken beiseite, um den Gang frei zu machen. Vergeblich versuchen die beiden Männer, den schlaffen Körper auf einen Sitzplatz zu heben, legen ihn schließlich am Boden ab.

DUDAS *(ringt nach Luft; stellt mit lauter Stimme Friederike zur Rede).* Was haben Sie sich dabei gedacht?

Jetzt kommt die Stewardess durch einen anderen Vorhang in die Kabine. Bestürzt blickt sie auf den am Boden liegenden Körper.

STEWARDESS. Was ist passiert?

DUDAS *(zu Fielder).* Holen Sie die Flasche!

FIELDER *(geht durch den Vorhang zur Toilette, kommt wieder zurück, hält eine leere Rotweinflasche in die Höhe).* Die haben den Château Rouge auf der Toilette leer gesoffen.

DUDAS *(lässt sich die Flasche geben; zu Friederike).* Wissen Sie denn nicht, dass der Konsum solcher Mengen Alkohols während eines Fluges unvorhersehbare Wirkung hat?

FRIEDERIKE *(kleinlaut).* Doch. Jetzt schon.

STEWARDESS *(mit Blick auf Robert).* Er darf unter keinen Umständen auf dem Fußboden liegen bleiben. Wir müssen ihn ganz nach hinten bringen. In die Erste-Hilfe-Kammer. Dort ist ein Liegeplatz...

FRIEDERIKE *(auf einmal ganz anders).* – Ach was, das ist doch nicht nötig. *(mit einer Kopfbewegung in Richtung Robert:)* Das ist wahrhaftig nicht das erste Mal, dass der so 'rumhängt.

AGNES. Vielleicht ist es das Beste, ihn da vorn auf einen der freien Plätze zu setzen. Dort hat er maximale Beinfreiheit.

FRIEDERIKE. Ja, das ist gut. *(primitiv:)* Ich sag's euch, der steht gleich wieder auf.

STEWARDESS. Nicht! Nein, gurten Sie ihn fest! – Gut, wenn Sie meinen, bringen Sie ihn dorthin. Aber behalten Sie ihn im Auge.

FRIEDERIKE. Okay. *(Sie zieht nun ruhig den Lippenstift hervor und trägt ihn auf.)*

AGNES. Wie bekommen wir ihn da hin?

FIELDER. Ich werde den Manager um Hilfe bitten. Der sitzt hinten im großen Abteil. *(Er macht eine Armbewegung in Richtung Publikum und setzt sich in Bewegung, Jim Fischer zu verständigen.)*

FRIEDERIKE. Bist du meschugge? – Doch nicht den!

FIELDER. Wieso nicht?

FRIEDERIKE. Weil der nicht hilft.

FIELDER. Wen sollen wir sonst fragen?

FRIEDERIKE *(überlegt kurz, dreht sich dann um, weist mit ihrer Nase hinüber zu Joshua Simjamin).* Den.

GABRIELE *(die den ganzen Vorfall bisher still beobachtet hat).* Nein! *(Sie erhebt sich, wendet sich dem Pulk versammelter Passagiere zu, macht eine schützende Geste; ruhig und bittend:)* Nein.

FRIEDERIKE. Warum 'nein'? – Mein Freund Robert ist in Not.

JOSHUA *(entfernt).* Was – was ist passiert?

GABRIELE *(zu der Gruppe um Robert).* Bitte warten Sie einen Moment.

Sie geht durch den Gang nach hinten, verlässt die Bühne, geht im Zuschauerraum auf Jim Fischer zu. Sie spricht kurz mit ihm, woraufhin er aufsteht und ihr auf die Bühne folgt. Als er dort Robert am Boden liegen sieht, hält er abrupt inne.

FISCHER *(fast triumphal).* Das ist für mich keine Überraschung! – Es fügt sich das eine nahtlos an das andere.

GABRIELE. Spotten Sie nicht. Helfen Sie, ihn auf einen der Sitze zu heben.

FISCHER. Ich sollte ihn liegenlassen. Niemand könnte es mir verübeln. *(Er krempelt die Hemdsärmel hoch und geht vor Roberts Haupt in die Hocke. Zu Fielder:)* Los, packen Sie an! *(Gemeinsam wuchten sie den Betrunkenen hoch.)* Ist der schwer! Voll bis obenhin. – Ich sollte ihn fallenlassen, diesen Lümmel. Ich bin viel zu wohltätig.

Robert wird unter einiger Anstrengung in den Sitz manövriert und festgegurtet. Friederike nimmt neben ihm Platz. Ihr Kopf wird im Folgenden mehrmals vor Müdigkeit zur Seite kippen.

Gabriele geht zurück zu ihrem Platz. Joshua, der inzwischen seine dunkle Brille aufgesetzt hat, steht auf.

JOSHUA. Was ist mit ihm geschehen?

GABRIELE. Er hat eine Flasche Rotwein getrunken. Weiter nichts.

JOSHUA *(noch im Stehen).* Frau Menck...

GABRIELE *(die gerade an ihm vorbeigeht).* Ja?

JOSHUA *(senkt den Kopf).* Danke.

Gabriele berührt mit ihrer Hand kurz Joshua am Arm, geht dann zu ihrem Fensterplatz zurück. Joshua setzt sich in ihre Nähe.

FIELDER *(zu Fischer, mit gewohnt ungeschickter Wortwahl).* Danke, dass Sie geholfen haben, Robert aus dem Weg zu räumen.

FISCHER *(während er die Hemdsärmel herunter krempelt, im Selbstgespräch).* Dieser Flug wird mir noch den letzten Nerv rauben. Zig mal bin ich geflogen, über London, über Amsterdam, über Frankfurt nach Toronto, nach Melbourne, nach Houston, nach ... *(Er winkt ab.)* Nie wieder werde ich mit Touristen fliegen. – Wenn meine Bosse wüssten, was ich hiermit auf mich genommen habe! In Hongkong läuft uns die Zeit davon, und ich mache mir hier oben die Finger schmutzig. *(Er geht auf die Stewardess zu.)*

FIELDER *(zu Friederike).* Du, Freddy, ich geh' wieder nach hinten, sehen, ob ein Film läuft. *(Er geht zurück ins Publikum.)*

FRIEDERIKE. Ist gut.

FISCHER *(zur Stewardess).* Wo kann ich ein Telefonat führen, bitte?

STEWARDESS. Sie möchten...? – Es tut mir leid, aber Bordtelefone sind nur in unserer Megatop-Flotte installiert.

FISCHER *(verächtlich).* Das habe ich mir gedacht. *(Er dreht sich ab.)* In dieser Kiste ist man von der Außenwelt abgeschnitten. Ich sitze hier wie auf glühenden Kohlen, während die Partner und Kollegen in Hongkong meine Instruktionen benötigen. Was für ein Aufwand, was für ein Theater, nur um nach Hongkong zu kommen! *(Er schüttelt ausgiebig den Kopf.)*

DUDAS *(mit der Ruhe des Alters).* Setzen Sie sich, Fischer, setzen Sie sich. Es gibt gleich Frühstück.

FISCHER. Sie haben gut reden. Ich habe keine ruhige Minute. *(Er lässt sich auf einen Sitz am Gang nieder, in Nachbarschaft von Dudas' Stammplatz.)*

DUDAS *(noch im Stehen; gelassen).* Ihr Geschäftsleute denkt fortwährend, euch liefe die Zeit davon. Doch was ist mit uns Journalisten? – Die Nachrichten eines Abends können am nächsten Morgen schon alt sein wie eine vorkonfuzianische Dynastie! *(zur Stewardess:)* Wie konnten Sie dem Burschen eine ganze Flasche dieses schweren Weins überlassen? *(Er reicht ihr die leere Flasche, die er sich vorhin von Fielder hat geben lassen.)*

STEWARDESS. Ich habe sie ihm nicht gegeben. Er muss sie aus der Bordküche entwendet haben.

Sie nimmt die Flasche und verschwindet vorn durch den Vorhang. Dudas setzt sich auf seinen Platz.

Auch Agnes hat inzwischen ihren Platz neben Isabel wieder eingenommen. Sie hat ihre Schuhe abgestreift und es sich bequem gemacht. Isabel ist aufgewacht; noch etwas schläfrig, starrt sie fasziniert durch das Fenster.

ISABEL. Wie hell es ist! – Agnes? *(sie dreht ihren Kopf auf die andere Seite.)* Wie weit ist es noch bis Kanton?

AGNES *(lustig)*. Bis "Gongwu"?

ISABEL *(lächelnd)*. Ja. Bis Gongwu bei Kanton. In China.

AGNES. Vielleicht noch dreieinhalb Stunden.

ISABEL Wie lange habe ich geschlafen?

AGNES. Schätzungsweise drei Stunden.

ISABEL. Das tat gut. *(munter:)* Seit wann ist es hell?

AGNES. Schon eine ganze Weile. Es ist binnen zwanzig Minuten Tag geworden. Wir fliegen eben der Sonne entgegen.

ISABEL. Ach, Agnes. Ich bin so aufgeregt.

AGNES. Wirst du heute, wenn wir angekommen sind, gleich weiterfahren?

ISABEL. Natürlich! *(Sie greift nach ihrer Tasche und zieht eine Landkarte von Südostchina heraus. Sie faltet die Karte über ihren Knien auseinander.)* Schau hier: hier ist Kanton. Und da ist Gongwu. Sechzig Meilen nordöstlich.

AGNES. Das ist immer noch ganz schön weit.

ISABEL. Weit? – Was sind diese sechzig Meilen gegen die sechstausend, die wir zwischen Europa und Kanton zurücklegen?

AGNES. Ich meine, weil du alleine bist, und weil Reisen in China nicht ganz einfach ist.

ISABEL. Ich werde es schon schaffen.

Eben ist die Stewardess wieder in die Kabine gekommen. Sie trägt ein Tablett mit nassen heißen Waschlappen. Sie fängt bei Isabel an auszuteilen: Mittels einer Zange bietet sie ihr einen der Waschlappen zur Erfrischung an. Isabel nimmt ihn ab.

ISABEL. Wozu? *(Agnes macht eine erklärende Handbewegung.)* Ach so. Klar. Vielen Dank.

AGNES *(nimmt ebenfalls ein Frotteetuch entgegen)*. Vielen Dank.

Die Stewardess geht weiter zu den anderen Passagieren. Isabel und Agnes pressen die Waschlappen gegen ihre Gesichter.

ISABEL. Puh! Sind die heiß.

AGNES. Aber wohltuend, nicht?

ISABEL. Agnes, ich hab' dich noch gar nicht gefragt, was du tust, wenn du zuhause bist. Ich meine, was du lernst oder arbeitest.

AGNES. Ich bin in Brüssel in einer Buchhandlung angestellt.

ISABEL. Ach, du kommst aus *(Sie wählt die amerikanische Aussprache:)* Brussels? Gefällt es dir dort?

AGNES *(ausweichend)*. Ich wurde dort geboren und bin dort aufgewachsen.

ISABEL. Und... – was ist das für eine Buchhandlung, in der du arbeitest?

AGNES. Sie befindet sich in der Nähe der Universität. *(vergnüglich:)* Es kommen viele Kunststudenten vorbei. Auch Philosophen. Und Physiker, die bestellen dann Bücher über Quantenmechanik, oder über Relativität von Raum und Zeit.

ISABEL. Viele junge Männer: Studenten und Graduierte?

AGNES. Ja. Die kommen auf dem Weg zur Uni an der Buchhandlung vorbei.

ISABEL *(gewitzt)*. Die kommen nicht wegen der Bücher; die kommen wegen dir, Agnes!

AGNES. *(lachend:)* Das weiß ich nicht! *(ernst:)* Ich habe gekündigt. Ich werde nicht mehr dort arbeiten.

ISABEL *(überrascht)*. Aber warum denn nicht?

AGNES. Ich bin fünf Jahre lang jeden Morgen dorthin geradelt, habe tagsüber die Kunden bedient, Bestellungen getätigt, Aufträge bearbeitet. Abends bin ich heim geradelt und habe nachgedacht.

ISABEL. Worüber?

AGNES. Nun, über unsere Gesellschaft. In der es darum geht, aufzufallen und wichtig zu sein. Sich Vorteile gegenüber den anderen zu verschaffen. In der man nach dem bewertet wird, was man besitzt. Und ich fragte mich, ob uns das Überangebot an Konsumgütern, an Büchern, an Spielzeug, an Fernsehprogrammen etwa reicher macht. – Nein, dachte ich, es erdrückt uns, engt uns ein. Das Viele, Große, Laute, Grellbunte hat uns den Sinn für die Schönheit des Einfachen verdorben. Ich meine, die Chinesen haben manches bewahrt, was wir längst verloren haben. Dass für sie die Harmonie und Gemeinschaft mehr zählen als der Individualismus, das zieht mich an.

ISABEL. Du willst gar nicht nach Brüssel zurück? Du willst in China bleiben?

AGNES. Ja. Das habe ich vor. Ich habe in den letzten Jahren ausreichend Geld verdient, um mir diesen Flug leisten zu können, und es wird auch für die erste Zeit in China reichen.

ISABEL. Hast du in Brüssel alleine gewohnt?

AGNES. Ich hatte eine kleine Wohnung, in der ich mit meiner Großmutter lebte.

ISABEL. Und deine Eltern?

AGNES *(leise)*. Ich habe keine Eltern mehr. Sie sind bei einem Verkehrsunfall auf der Autobahn vor Brüssel ums Leben gekommen, als ich noch sehr klein war.

ISABEL. Es tut mir leid, dass ich danach gefragt habe.

AGNES. Kein Problem.

ISABEL *(nachdenklich)*. Es muss schrecklich sein, wenn man als Kind seine Eltern verliert.

AGNES *(nach einer Weile, sehr langsam)*. Das kleine Mädchen, das ich war, zog sich in der Zeit nach dem Unfall immer wieder ins Schlafzimmer seiner Eltern zurück und verkroch sich im Kleiderschrank, zwischen den Anzügen des Papas und den Röcken der Mama, weil es da noch ihre Nähe spürte... Meine

Großmutter fand mich dort und lockte mich weg von den Kleidern. *(Sie schluckt.)* Die wurden auch immer kälter.

Die Stewardess kommt wieder durch die Kabine, um die Waschlappen einzusammeln. Sie hält sich zunächst bei den anderen Passagieren auf.

ISABEL. Du hast eine enge Beziehung zu deiner Großmutter?

AGNES. Oh ja. Weiß Gott. Ich habe so viel von ihr gelernt. Sie ist alt, sie kann nicht mehr aus der Wohnung heraus, und doch... *(Sie sucht nach Worten:)* Sie ist so zufrieden. Sie strahlt etwas aus, eine Energie aus einer anderen Welt. Ja, aus einer anderen Welt.

ISABEL. Du hast deine Oma in Brüssel zurückgelassen?

AGNES *(nachdenklich)*. Meine Großmutter hat verstanden, dass es mich nach China zieht. Sie hat mich ermutigt. *(mit etwas Schmerz:)* Jetzt sorgt eine Ordensschwester für sie.

Die Stewardess kommt zuletzt zu den beiden jungen Frauen und nimmt ihnen die Waschlappen ab.

ISABEL *(zu Agnes)*. Ich muss jetzt mal in den *make-up room*. *(Sie steht auf.)*

Die Stewardess geht durch den rechten Gang nach vorn, Isabel sucht den Weg über den linken Gang zur Toilette. Als beide durch die Vorhänge verschwunden sind, ergibt sich ein Gespräch zwischen den Herren Dudas und Fischer. Fischer ist mit einem kleinen elektronischen Gerät beschäftigt; im Lauf des Gesprächs dreht er seinen Sitz, so dass auch das Publikum dieses Gerät sehen kann.

DUDAS. Was bedienen Sie da, Fischer?

FISCHER. Was meinen Sie?

DUDAS. Nun – diesen kleinen Abakus, den Sie da in Händen halten. *(Er lacht.)* Was ist das für ein hieratisches Instrument?

FISCHER *(trocken)*. Mein Terminplaner.

DUDAS *(mit ironischem Unterton)*. Eine elektronische Sekretärin!

FISCHER *(unfreundlich)*. Nennen Sie es, wie Sie wollen.

DUDAS. Sie müssen gewarnt sein: Die chinesischen Zollbeamten kontrollieren alles, was sie noch nicht gesehen haben, besonders genau. Sie fragen: "Was ist das? Wie funktioniert das?"

FISCHER. Sei's drum.

DUDAS. *(mehr für sich:)* Ich bin während meines gesamten Arbeitslebens mit Notizblöcken und Büchern ausgekommen. Lange habe ich für die Tagespresse und selbst fürs Fernsehen gearbeitet, ohne einen Computer auch nur ansehen zu müssen. Vor zwei Jahren, in Grenada, habe ich erstmals ein Diktiergerät benutzt. *(zu Fischer:)* Sie entwickeln eine Strategie für Ihre Aufgaben in Hongkong?

FISCHER. Meine Vorgabe ist, den kompletten Rückzug der Firma einschließlich aller Investitionen in die Wege zu leiten. Ich habe vier Tage Zeit, dann werde ich zurückfliegen und an den Vorstand berichten.

DUDAS *(überlegen)*. Sie hätten noch acht Jahre Zeit, bis Hongkong an Peking fällt.

FISCHER. Jeder Tag, an dem wir in der Kronkolonie weiterwirtschaften, ist ein Tag zu viel. Jeder Dollar

Gewinn, den wir dort machen, geht indirekt zu einem Prozentsatz an Chinas Kommunisten, und sei es erst in acht Jahren.

DUDAS. Alle kommunistischen Systeme befinden sich gegenwärtig in der Krise. Man muss kein Prophet sein, um anzukündigen, dass Gorbatschows Perestroika von Moskau auf alle Ostblockstaaten übergreifen wird, und dies zweifelsohne in naher Zukunft.

FISCHER. Darauf können wir Geschäftsleute nicht bauen. Die jüngsten Ereignisse in China haben gezeigt, dass jede Hoffnung vergeblich ist. Und ähnliche Rückschläge wird es auch in der Sowjetunion und anderswo geben.

DUDAS. – Wenn wir unsere Hilfe verweigern. Aber China ist ein Sonderfall unter den kommunistischen Systemen. Chinas innere Entwicklung ist Jahrtausende lang ohne Bindung zur Außenwelt gewesen. Das Reich der Mitte war immer abseits der übrigen Welt; oft im guten, oft und in der Neuzeit eher im schlechten Sinne. Peking beabsichtigt auch jetzt nicht, sich dem Zug der Zeit anzuschließen. Vermutlich werden die Patriarchen der Kommunistischen Partei den jüngsten Schritt zurück überleben und versuchen, das System mit ähnlichen disproportionierten Mitteln ins nächste Jahrtausend zu retten. Wenn die Reformkräfte Chinas keine Unterstützung von außen erfahren, dann wird das Regime sich halten können. *(direkt an Fischer:)* Gerade von Hongkong aus könnten Sie starken Einfluss auf China ausüben. Eine funktionierende, gefestigte Demokratie mit freien Marktstrukturen kann von Peking nach neunzehnhundertsiebenundneunzig nicht einfach umgeworfen werden. Ich erwarte sogar, dass dann der Einfluss von Hongkong auf China größer sein wird als umgekehrt. Marktwirtschaftliche Elemente drängen eine totalitäre politische Ordnung zu mehr Freiheit.

FISCHER. Ich bin mit unserem Management übereingekommen, dass wir in Zukunft weder in Asien noch in Ostblockländern investieren werden. Die Entwicklung in kommunistischen Staaten interessiert uns nicht.

DUDAS. Eine vermutlich kurzsichtige Entscheidung.

FISCHER *(hart)*. Gibt es irgendetwas zu erneuern am Kommunismus? – Nein. Marxismus, Leninismus, Maoismus – das sind für jeden vernünftigen Ökonomen absurde Theorien. *(abschätzig:)* Sie vermögen Intellektuelle anzuziehen; aber mit Intellektuellen ist keine starke Wirtschaft zu führen. Wozu nützen Fünfjahrespläne? Und Preisfestlegungen? – Zu nichts. Mit dem Kommunismus ist es wie mit faulem Obst: Man muss nur warten, bis er niederfällt; dann kann man ihn wegkehren.

DUDAS *(lauernd)*. Sie vertreten eine klare Haltung. Aber ich zweifle daran, dass Sie konsequent sein können: Für die meisten ausländischen Unternehmen überwiegen die wirtschaftlichen Vorteile die politischen Vorbehalte. Ihre Firma würde die einzige sein, die sich wegen des Vierten Juni aus China zurückzieht.

FISCHER *(siegesgewiss)*. Die Entscheidung ist getroffen. Meine Aufgabe ist jetzt die Umsetzung des Projekts.

Isabel, frisch gekämmt, tritt durch den Vorhang wieder in die Kabine ein. Zwischen Dudas und Fischer geht sie durch den Gang und nach links an ihren Platz zurück.

ISABEL *(flüsternd zu Agnes, während sie sich setzt).* Was ist denn mit dem los? *(Sie macht eine kurze Kopfbewegung in Richtung Robert, der vorne in der Kabine tief, mit ausgestreckten, weit gespreizten Beinen im Sessel hängt und den Mund wie ein Fisch geöffnet hat.)*

AGNES. Du hast die Geschichte gar nicht mitbekommen? *(Isabel hebt ahnungslos die Schultern.)* Der hat zu tief in die Flasche gekuckt. Aber seine Freundin meint, er sei hart im Nehmen.

ISABEL. Ich habe fest geschlafen. Das war auch nötig. Die Nacht auf den Montag habe ich in einer Ecke im Bahnhof verbracht.

AGNES *(ungläubig).* Alleine? – Du bist nicht gescheit!

ISABEL. Ich habe aber nicht schlafen können, weil mich ständig betrunkene Männer angequatscht haben.

AGNES. Widerlich. Sie haben dich belästigt.

ISABEL. Na ja, schon. *(nachdenklich:)* Aber... weißt du, Agnes; mein Leben ist so unruhig verlaufen. Ich habe schon so oft außerhalb meines eigenen Betts geschlafen. Irgendwo. Ganz woanders. In Amerika, oder in Deutschland. Oder wie jetzt hier, im Flugzeug. Über Asien! Manchmal weiß ich gar nicht mehr, wo ich zuhause bin. Aber immer wenn ich die Augen schließe und einschlafen kann, dann fühle ich mich doch irgendwie zuhause. Ich glaube, wenn ich schlafe, dann ist alles da, alles gegenwärtig, alles möglich und ohne Widerspruch. Dann steht der Eiffeltower neben dem Empire State Building, und der Hudson fließt in die Ostsee.

Indessen wird das Frühstück gebracht: Die Stewardess schiebt einen Servierwagen durch die Gänge und reicht den Fluggästen vorbereitete Tabletts und Getränke nach Wunsch. An den schlafenden Robert und Friederike geht sie vorbei, bedient dann im rechten Gang Dudas und Fischer. Nun steht sie mit dem Wagen im linken Gang bei Agnes und Isabel.

STEWARDESS. Möchten Sie Kaffee oder Tee?

AGNES. Tee.

ISABEL. Ja, Tee bitte.

Beide erhalten ihr Frühstück. Isabel macht sich an den Tee heran, lässt das Essen jedoch stehen. Agnes greift sich zunächst ein Brötchen. Die Frauen flüstern sich während des Frühstückens, sichtlich vergnügt, leise ihre Ideen zu.

Die Stewardess bleibt bei Gabriele und Joshua stehen.

STEWARDESS. Möchten Sie Kaffee oder Tee?

GABRIELE. Für mich bitte Kaffee. *(herzlich:)* Was nehmen Sie, Joshua?

JOSHUA. Kaffee, bitte.

Nachdem die Stewardess auch diesen beiden das Frühstück serviert hat, zieht sie den Wagen hinter sich durch den Vorhang.

GABRIELE *(unaufdringlich)*. Wie geht es Ihnen jetzt?

JOSHUA *(schwach)*. Bescheiden. Meine Füße kribbeln.... Mein Rücken brennt. Macht Ihnen dieses lange Sitzen nichts aus?

GABRIELE. Nein. Kaum.

Sie nimmt einen Schluck Kaffee. Sie wartet, da auch Joshua die Kaffeetasse angesetzt hat. Dann beginnt sie zu reden – nicht geschwätzig, sondern wohlüberlegt und immer wieder von Pausen unterbrochen.

GABRIELE. Ist das nicht ein köstlicher Kaffee? – Sicher ist es eine asiatische Sorte. Ich mag die exotischen Kaffees. Zuhause in meinem Dritte-Welt-Laden verkaufte ich 'Kilimanjaro'-Kaffee aus Tansania. Kaffee, der unter fairen Konditionen für die Erzeuger hergestellt wird. Ich trank ihn gerne, während meine eigene Familie ihn nur mit Widerwillen akzeptierte. Er habe kein Aroma, einen faden Geschmack, sagten meine Töchter. "Bei jedem Schluck", entgegnete ich dann, "bei jedem Schluck schließe ich die Augen und sehe vor mir die dankbaren, stolzen Gesichter der afrikanischen Plantagenarbeiter. Welcher Kaffee könnte besser schmecken als der, der seinen Erzeugern den gerechten Lohn und die verdiente Anerkennung einbringt?" *(Sie lächelt bitter.)*

Nochmals kommt die Stewardess in die Kabine, läuft zielstrebig durch den Gang und in den Zuschauerraum zu Fielder, der den Kopfhörer aufgesetzt hat und einen weiteren Film sieht. Sie fragt ihn leise, ob er nicht frühstücken wolle. Fielder schüttelt den Kopf, bestellt stattdessen Cola und Erdnüsse. Die Stewardess führt den Auftrag aus. Anschließend verschwindet sie wieder hinterm Vorhang.

JOSHUA. Wann werden Sie nach Hause zu Ihrer Familie zurückkehren, Frau Menck?

GABRIELE. Gewiss nicht bald. Ich möchte in China erst mein Leben neu ordnen.

JOSHUA. Dann ist diese Reise auch für Sie kein Urlaub.

GABRIELE. Nein. Nein, und ich überlege, seit ich in diesem Flugzeug sitze, wie ich meinen Mann verlassen konnte, und meine geliebten Töchter. *(Sie atmet schwer durch.)* Ich habe zunächst keinen Rückflug gebucht. *(mit Abstand:)* Mein Mann hat geradezu die Beherrschung verloren, als ich ihn über meinen Entschluss unterrichtete. "Was denkst du dir?", hat er gefragt, "Wie stellst du dir das vor, in deinem Alter alleine zu reisen? – Du bist doch kein junger Vagabund!" Meine jüngere Tochter hat mich erst falsch verstanden und mich gelobt: "Nach Kenia? – Du hast recht, Mama, dass du mal wieder Urlaub machst", hat sie gesagt. Meine ältere Tochter, die seit Wochen nicht mehr bei uns zuhause gewesen war, stand dann gestern vor unserer Tür: "Soll ich dich begleiten?", hat sie besorgt gefragt. *(Sie macht eine Pause.)* Nein, ich wollte keine Begleitung. Da waren zuletzt die Enttäuschungen mit meinem Dritte-Welt-Laden. Aber es war noch vieles mehr: Ich wollte einfach nichts mehr hören von Ladenschlussgesetzen, Steuererhöhungen und Schutzzöllen. All die fruchtlosen, kräftezehrenden Diskussionen, die Schiebereien und Feilschereien, die Selbstdarstellungen, die Kleinkriege um den persönlichen Vorteil – ich bin es überdrüssig.

JOSHUA. Ich kann Sie gut verstehen.

GABRIELE *(lässt eine etwas längere Pause zu, dann:).* Haben Sie auch von den verbilligten Flugtarifen profitiert?

JOSHUA. Ich habe mein Ticket vor dem Vierten Juni gekauft.

GABRIELE. Ich habe immer ein ungutes Gefühl bei Billigangeboten. Zu oft greifen wir in die Regale unserer Supermärkte, kaufen Tee, Kakao, Schokolade, Kaffee, ohne uns Gedanken über die Herkunft zu machen. Und so bleibt uns die Ungerechtigkeit des Welthandels verborgen. Wir Europäer verschließen gerne die Augen vor dieser beschämenden Situation. Dabei haben wir sie zu Kolonialzeiten in den Entwicklungsländern selbst ausgelöst! Wer denkt schon an die Kleinbauern in Lateinamerika, in Asien und Afrika? – Wir genießen Niedrigpreise. Wir lesen gerade in diesen Tagen von der Freigabe der Quoten des Internationalen Kaffeeabkommens. Was das heißt, darüber machen wir uns keine Gedanken. Und wenn doch, dann kommen wir frohgemut zum Schluss, dass wir in Zukunft *noch* billigeren Kaffee kaufen können. Das ist auch ein Grund, weshalb ich von daheim geflüchtet bin. *(Sie entspannt sich.)* Ich befürchte, ich gehe Ihnen wieder auf die Nerven, Joshua.

JOSHUA *(nach einer Pause).* Nein. Das tun Sie nicht.

Die Stewardess schiebt den Servierwagen wieder durch die Gänge. Sie beugt sich zu den Passagieren, fragt nach offenen Wünschen. Von Gabriele und Joshua lässt sie sich die Tabletts mit dem Geschirr geben. Isabel und Agnes haben ihr Frühstück noch nicht beendet. Friederike flüstert der Stewardess etwas zu, woraufhin diese ihr zeigt, wo sich Plastiktüten befinden: direkt unter dem Sitz. Friederike ist übel geworden! Sie hält im Folgenden ständig eine der Tüten bereit.

Dudas und Fischer geben der Stewardess ihre Tabletts zurück. Als die Stewardess sich wieder entfernt hat, steht Fischer auf, um erst seine Hosentaschen abzutasten, dann die Brusttasche seines Hemdes. Er überlegt, greift dann sichtlich beunruhigt nach seinem Jackett, sucht jetzt hektisch dessen Taschen durch. Nervös blickt er in alle Richtungen.

DUDAS. Haben Sie ein Problem, Fischer?

Fischer blickt Dudas kurz an, geht aber nicht auf die Frage ein. Er tritt in den Gang, läuft nach hinten, wo an seinem früheren Platz noch sein Aktenkoffer steht. Den schnappt er sich und eilt nach vorn, um die Stewardess zu verständigen. Isabel und Agnes haben davon nichts mitbekommen.

AGNES *(mit einem Fingerzeig auf Isabels Tablett)*. Du hast von dem Essen wieder nichts angerührt.

ISABEL *(schulterzuckend)*. Ich hab' eben keinen Appetit. Bin einfach zu aufgedreht.

AGNES. Du solltest unbedingt etwas essen. Denk' daran, dass die Weiterreise anstrengend werden kann.

ISABEL *(fröhlich; abwesend)*. Wie ich hier ganz locker sitze... Ich fühle mich heute so optimistisch, so leicht. Nein, ich kann nichts essen.

Die Stewardess tritt durch den Vorhang in den Gang, gefolgt vom nervösen Jim Fischer.

STEWARDESS. Sie meinen, hier zu suchen hat keinen Sinn?

FISCHER *(entnervt)*. Nein, nein.

STEWARDESS. Und was soll der Kapitän Ihrer Meinung nach zurückfunken?

FISCHER *(aufbrausend)*. Muss ich jetzt schon den Kapitän anleiten? Werde denn etwa *ich* bezahlt für diese

Odyssee? Wollen Sie denn *mich* verantwortlich machen für jede dieser Pannen, die sich hier zutragen?

STEWARDESS. Nun beruhigen Sie sich erst einmal. Wir werden Sorge tragen, dass Sie Ihre Schlüssel wiederbekommen.

FISCHER *(immer noch heftig aufbrausend).* Aber wann? Die Frage ist doch: Wann? – Ich muss meinen Aktenkoffer *sofort* öffnen! Ich brauche Zugang zu meinen Dokumenten! *(Er rauft sich die Haare.)* Was da finanziell auf dem Spiel steht!

DUDAS *(mit der Ruhe seines Alters).* Sie haben Ihre Schlüssel verlegt, Fischer?

STEWARDESS *(da Fischer vor lauter Wut nicht antwortet).* Er vermutet, dass sie bei der Sicherheitskontrolle am Flughafen zurückgeblieben sind.

FISCHER. Genau. Man hat sie mir nicht zurückgegeben. Schließfachschlüssel, Tresorschlüssel meiner Firma, und den Schlüssel meines Aktenkoffers. Es ist ein Skandal.

DUDAS *(macht sich über Fischer lustig).* Es scheint, man versucht Ihre Mission zu sabotieren.

FISCHER *(zu aufgebracht, um Dudas' Stichelei zu verstehen).* Ich brauche die Unterlagen aus dem Koffer sofort bei der Ankunft in Hongkong. Es ist furchtbar. Bis ich den Schlüssel wiederhabe, sind mindestens zwei weitere Tage vergangen.

DUDAS. In Hongkong wird man Ihnen den Koffer auch ohne Schlüssel öffnen.

FISCHER. Unmöglich. Der Koffer ist gesichert. Man würde seinen Inhalt zerstören.

DUDAS *(ironisch)*. Nicht auszudenken.

Innerhalb der letzten Minuten ist Robert wieder zu Bewusstsein gekommen. Er hat die Augen geöffnet und zuletzt den Worten Fischers gelauscht. Nun dreht er sich zur Seite und beugt seinen Kopf in den Gang, schaut nach hinten. Aus einer Hosentasche kramt er ein Schlüsselbund hervor, welches er nun klimpernd in die Höhe hält.

ROBERT *(obwohl noch etwas benommen)*. Suchen Sie dies, Mister Fischer?

Fischer gerät ins Stocken. Dann stürmt er an den Sitzen vorbei zu Robert und reißt ihm das Schlüsselbund aus der Hand. Robert stemmt sich daraufhin in die Höhe.

ROBERT. Heh, heh! – Das sind Freddys Autoschlüssel!

Fischer betrachtet erst jetzt die Schlüssel richtig. Natürlich hat Robert recht; er hat Fischer veralbert. Dieser ist nun nahe daran, sich zu vergessen. Im gleichen Moment kündigt ein Piepton eine automatische Durchsage an:

(LAUTSPRECHERSTIMME). Verehrte Fluggäste. Bitte schnallen Sie sich an und stellen das Rauchen ein.

Fischer wirft wutentbrannt die Schlüssel vor Roberts Füße, geht dann in einem Akt dramatischer Selbstbeherrschung zurück. Er nimmt einsam in der Mitte der Kabine Platz, etwa zwei Plätze hinter Gabriele Menck. Robert hebt grinsend die Schlüssel auf und lässt sich wieder in den Sessel nieder. Die Stewardess beeilt sich, die restlichen Frühstückstabletts wegzuräumen.

ROBERT *(dem immer noch etwas schwindlig ist)*. Hallo, Miss! 'nen Sprudel, bitte.

STEWARDESS *(gereizt nickend)*. Schnallen Sie sich an!

GABRIELE *(zur Stewardess)*. Warum sollen wir uns anschnallen?

STEWARDESS. Wir fliegen durch thermische Turbulenzen. *(Sie geht nach vorn weg.)*

Jim Fischer hat seinen Aktenkoffer auf dem Schoß abgelegt und aus seiner Brusttasche ein Zigarillo gezogen. Als die Stewardess fort ist, klemmt er sich den Stängel zwischen die Lippen und zündet ihn an. Der Rauch des Tabaks steigt rasch aufwärts, breitet sich binnen kurzer Zeit im Raum aus. Es ist Gabriele, die sich als erste umdreht, um nach der Quelle des Qualms zu fahnden. Sie steht auf.

GABRIELE *(höflich)*. Ich darf Sie daran erinnern, dass das Rauchen eben untersagt wurde.

FISCHER *(unbeherrscht)*. Stört es Sie, ja?

GABRIELE. Ja. Aber darum geht es jetzt nicht einmal.

FISCHER *(während er verärgert das Zigarillo aus dem Mund nimmt und es ausdrückt)*. Es gibt Situationen, in denen es angebracht wäre, Toleranz zu üben.

GABRIELE. Sie sind ein unausgeglichener Mensch, Herr Fischer.

FISCHER *(hitzig)*. Nun sind so wenige Passagiere hier in diesem Flugzeug, und nicht einmal diese Handvoll bringt es fertig, miteinander auszukommen. Diese Welt ist es tatsächlich nicht wert, dass man sich engagiert.

GABRIELE *(die Stirn runzelnd)*. Ach, Sie engagieren sich für diese Welt?

FISCHER *(laut)*. Wenn hier in diesem Flugzeug auch nur einer säße, der verstanden hätte, worum es bei meiner Mission geht... – der würde mir danken!

GABRIELE. Uns geht es um anderes als um Geld.

FISCHER. Geld? – Hier geht es um Politik. Um Moral. Indem sich meine Firma aus Hongkong zurückzieht, setzt sie ein eindeutiges Signal an die Chinesen. Keine Macht ist stärker als die der Wirtschaft. – Wenigstens bin *ich* mir meiner Bedeutung und Verantwortung bewusst. Man kann mir ein Flugticket verweigern, man kann meinen Kofferschlüssel einbehalten – aber man wird mich nicht daran hindern können, das Verhältnis meiner Firma mit den Kommunisten radikal zu beenden.

GABRIELE. Sie unterscheiden nicht zwischen dem chinesischen Volk und der Regierung.

FISCHER *(nun völlig überheblich)*. Nur wer Macht hat, ist von Bedeutung. Und das chinesische Volk hat keine Macht. Also interessieren allein die Herrschenden. Die müssen isoliert werden, und ich trage meinen Teil dazu bei. Und da Sie mein Engagement offenbar missbilligen, frage ich Sie, was denn Sie für die Welt tun. *(spöttisch, unbeherrscht:)* Nachdem Sie in Europa keinen Erfolg hatten, möchten Sie sich nun bei den Chinesen versuchen?

GABRIELE *(sehr kontrolliert)*. Ich habe Zweifel, ob ich gerade Ihnen erklären kann, was ich zuhause nur den wenigsten habe verständlich machen können.

FISCHER. Sie kritisieren, und wenn man Sie konkret fragt, dann ziehen Sie sich zurück. – Ich habe vorhin gehört, wie Sie über die 'Dritte Welt' redeten. Ich will

Ihnen eines sagen: Wenn Sie Sonderkonditionen für diese Länder verlangen, dann sind Sie für deren Ruin mitverantwortlich. Wenn nämlich ein Land nicht lernt, im Konkurrenzkampf zu bestehen, bleibt es immer von Almosen abhängig. – Sie verstehen nichts von der Weltwirtschaft.

Noch ehe Gabriele protestieren kann, hat sich Joshua umgedreht, um für die Frau Partei zu ergreifen.

JOSHUA *(aus der Tiefe seines Herzens).* Was ist das für eine unbarmherzige, kalte Ökonomie, die Ihr Denken beherrscht? Was für eine armselige Logik, was für ein begrenzter Horizont!

FISCHER *(rastet jetzt aus).* Wie wollen Sie da mitreden? Sie sind doch krank! Die ganze Zeit verstecken Sie sich hinter Ihrer komischen Brille und schweigen! Und jetzt reden Sie, wo Sie nicht gefragt sind!

GABRIELE *(nachdem sie langsam durchgeatmet hat).* Schämen Sie sich, Herr Fischer!

Fischer kehrt sich ab.

JOSHUA. Ja, ich bin krank. Aber krank sind auch die Werte und Ansichten vieler meiner Mitmenschen. *(Er löst seinen Gurt und steht auf. Er wirkt angeschlagen und blass.)* Entschuldigen Sie mich, ich brauche noch mehr Abstand.

Joshua sucht den Weg in die hintere Kabine und entfernt sich dorthin. Nun ertönt ein langer Piepton, gleich darauf tritt die Stewardess wieder in die vordere Kabine. Auf einem Tablett trägt sie eine kleine Flasche Sprudel mit Becher.

STEWARDESS *(in den Raum)*. Sie können Ihre Gurte wieder lösen. *(zu Robert:)* Hier, Ihr Mineralwasser.

ROBERT *(greift nach der Flasche, lässt den Becher stehen)*. Ich danke Ihnen. *(Er setzt die Flasche an und lässt den Inhalt in einem Zug durch die Kehle laufen.)*

STEWARDESS. Vielleicht möchten Sie nun Ihr Frühstück nachholen?

ROBERT *(als die Flasche leer ist; genüsslich)*. Aah! *(Er gibt die Flasche gleich an die Stewardess zurück.)* Das ist ein gutes Angebot.

Friederike, bleich im Gesicht, schüttelt schwach den Kopf. Robert dreht sich verwundert zu ihr. Er bemerkt erst jetzt, dass seiner Begleiterin übel geworden ist. Daraufhin lehnt er das Frühstück ab:

ROBERT *(zur Stewardess)*. Aber meine Partnerin ist leider indisponiert. Sie brauchen wegen uns beiden keine Umstände zu machen.

Die Stewardess geht fort. Im Zuschauerraum ist Joshua nahe dem Platz stehen geblieben, auf dem Jim Fischer zuvor lange gesessen hat. Als er sich nun auf den freien Platz niederlassen will, ruft Fielder ihm zu:

FIELDER. Na, Sie! Kommen Sie doch hierher neben mich!

JOSHUA. Aber – es ist doch alles frei hier. *(Er macht eine weitschweifige Armbewegung über den Zuschauerraum.)*

FIELDER. Ja eben. Das meine ich. Und wir haben doch nichts voreinander zu verbergen. *(Er lacht.)* Oder sind Sie wegen des Filmes gekommen? *(Er zeigt mit dem Finger in Richtung Bühne.)*

JOSHUA *(schwach)*. Nein. Sicher nicht.

FIELDER. Also kommen Sie schon. Wir können ein wenig plaudern.

JOSHUA. Nein. Mir ist jetzt nicht danach.

Joshua setzt sich auf Jim Fischers ehemaligen Platz.

Erneut erfüllen Fluggeräusche den Raum. Erst rütteln turbulente Luftströmungen am Rumpf des Flugzeugs, dann folgt eine ruhigere Flugphase. Wenig tut sich: Friederike schwankt nach hinten, um das Handgepäck mit nach vorne zu holen. Sie geht dann auf die Toilette, kehrt unverändert bleich wieder zurück. Robert zieht seine Schuhe aus, streckt seine Beine weit von sich. Fielder hat wieder den Kopfhörer aufgesetzt, lacht zwischendurch ein paar Mal träge auf. Isabel hat sich ein Kissen hinter den Rücken geklemmt und zum Dösen die Augen geschlossen. Agnes blickt durch das Fenster hinaus.

Schließlich öffnet Isabel ihre Augen wieder, bleibt aber in der Schlummerposition.

ISABEL *(nachdenklich)*. Agnes?

AGNES *(ohne ihren Blick vom Fenster abzuwenden)*. Ja.

ISABEL. Wenn ich ihn in Gongwu nicht finde, werde ich woanders weitersuchen. Vielleicht auch kann ich ihn über eine Botschaft im Rundfunk erreichen.

AGNES. Über den chinesischen Rundfunk?

ISABEL *(ohne Überzeugung)*. Ja. *(Plötzlich richtet sie sich auf.)* Du! Hast du auch so einen Druck auf den Ohren wie ich?

AGNES. Ja. Wir scheinen an Höhe zu verlieren. Wir müssen inzwischen ziemlich nahe bei Kanton sein. Möchtest du ein Kaugummi?

ISABEL *(aufgeregt)*. Wir sind schon über China?

AGNES. Schon lange.

ISABEL *(nimmt sich ein Kaugummi aus Agnes' Päckchen)*. Wie lange sitzen wir denn jetzt im Flugzeug?

AGNES. Knapp dreizehn Stunden. Wir sind Kanton sehr, sehr nahe.

ISABEL. Das ist – , das ist – ... Ich habe keine Worte.

(LAUTSPRECHERSTIMME). Sehr geehrte Fluggäste! Mittlerweile befinden wir uns im Landeanflug auf Kanton. Wir werden kurz vor achtzehn Uhr chinesischer Küstenzeit auf dem Flughafen Baiyun eintreffen. Ich darf Sie bitten, das Rauchen einzustellen und sich anzuschnallen.

Die Stewardess geht durch die Gänge, um sicherzustellen, dass alle Passagiere diese Anordnung befolgen.

ISABEL *(lehnt sich zurück)*. Ich wünschte, ich könnte meinem Dad berichten, dass ich jetzt fast am Ziel bin. Der hat nämlich schon länger gemerkt, dass etwas mit mir los ist. Und vor zwei Tagen, es war nachts zwischen drei und vier Uhr, hat er gesehen, dass ich draußen auf dem Balkon saß, im Nachthemd, während ein Sturm wehte und an mir zerrte. Ich habe hinauf in den Sternenhimmel gestarrt, weil ich nicht schlafen konnte, und weil mir mein Zimmer viel zu klein und eng war. Es ist schwülwarm und gewittrig gewesen. Erst habe ich meinen Papa gar nicht bemerkt. Er hatte sich stumm neben mich auf einen Gartenstuhl gesetzt.

Nach einer Weile hat er gesagt: "Du kannst nicht schlafen." – "Du auch nicht", habe ich dann gesagt. Und dann hat er geschwiegen, und irgendwann hat er leise begonnen zu erzählen, wie er vor zweiundzwanzig Jahren meine Mom kennengelernt hat. Ich habe das in dieser Nacht zum ersten Mal gehört. Ich habe auch zum ersten Mal gemerkt, wie traurig mein Papa ist. Weil er in Deutschland so weit fort ist von seiner Heimat, und weil er sich getrennt hat von meiner Mom. – Schließlich ist er still geworden, und der Sturm auch. Und plötzlich habe ich spontan gesagt: "Dad. Ich muss nach China." *(Isabel macht eine Pause.)* Weißt du, Agnes, mein Dad hat mich nicht gefragt warum. Er hat seine Hand auf meine Schulter gelegt, und hat mich verstanden. Dabei war mir diese Idee wirklich erst in dem Moment gekommen. Und schon war es keine Idee mehr. – Ich hatte drei Nächte lang draußen auf dem Balkon gesessen, statt in meinem Bett. Ich habe in den Himmel geschaut, den unendlichen, und habe mich nicht umgedreht nach meinem Dad. Aber ich glaube, er hat geweint.

Isabel wirkt nun sehr gedankenverloren. Als Zeichen der Nähe legt Agnes ihre Hand auf Isabels Unterarm.

ISABEL *(wieder zweifelnd).* Meinst du, ich werde Louis finden? – Ich denke, wenn er ebenso empfunden hat wie ich... *(Sie wird etwas verlegen.)* wenn ich ihm gefallen habe – und das hat er doch durch sein Verhalten gezeigt, nicht? – , dann muss er sich doch fragen, was ich tue, um ihn wiederzufinden. Und da er gesagt hat, er werde sofort nach China zurückkehren, weiß er, dass ich ihn dort suchen werde. Ich habe sonst ja keine Anhaltspunkte. Und er hat keine Anhaltspunkte über mich. Also wird er dort auf mich warten. *(Sie besinnt* *sich:)* Das klingt vielleicht abstrus, aber es ist meine einzige Chance.

AGNES *(aufmunternd)*. Wenn wir uns etwas wirklich wünschen, dann wird es beginnen, auf uns zuzukommen.

ISABEL *(ermutigt)*. Meinst du tatsächlich?

AGNES. Ja. – Hat dir dein Vater den Flug bezahlt?

ISABEL. Zur Hälfte. Er hat mir außerdem Geld mitgegeben, damit ich wohnen und essen kann. Du musst dir das vorstellen: Er weiß nicht, was ich vorhabe in China. Ich musste ihm nur versprechen, dass ich zurückkehre und nach dem Sommer mein Studium wieder aufnehme.

AGNES. Ich bin mir sicher, er weiß es doch. Er fühlt es.

ISABEL. Mag sein. Ach Agnes, ich wünschte, du hättest einen Vater, so wie ich einen Vater habe.

Die beiden Frauen lehnen ihre Köpfe zurück. Isabel flüstert leise, wie im Traum, das Wort "China" vor sich hin, schließt ungläubig ihre Augen. Agnes wirft einen kurzen Blick auf Isabels Lippen, lächelt, wiederholt dann für sich dieses Wort mit einer sanften, aber festen Stimme.

Aus dem hinteren Bereich hört man Albert Dudas sprechen:

DUDAS. Ein Kaugummi, Fischer? *(Er streckt ein Kaugummipäckchen über den Gang in Richtung Fischer, steht dann sogar auf.)*

FISCHER *(griesgrämig)*. Danke, nein. Was ich brauche, sind meine Schlüssel.

DUDAS *(geht trotz des Anschnallgebots auf Gabriele zu).* Möchten Sie ein Kaugummi? Damit Ihnen die Ohren nicht zufallen?

GABRIELE. Oh ja, danke sehr. Vielleicht hilft es. Dieser Druck, er wird immer stärker. *(Sie nimmt sich ein Kaugummi.)*

DUDAS *(kontaktfreudig).* Sie reisen zum ersten Mal nach China?

GABRIELE. Ja. Es ist das erste Mal. Und auch das erste Mal seit fünfundzwanzig Jahren, dass ich ohne Familie reise.

DUDAS *(offenbar auf Gabrieles nächtliches Gespräch mit Joshua anspielend; wichtigtuerisch).* Bitte gestatten Sie mir eine Warnung: In diesem Land ist eine Treibjagd im Gange – zwar von den kommunistischen Oligarchen initiiert, doch von einem undurchschaubaren Netzwerk etlicher Bürger unterstützt. Das chinesische Volk ist kein Volk, dem man aus Emotion sein Vertrauen entgegenbringen darf. Hier werden Studenten steckbrieflich über Fernsehen und Rundfunk gesucht, und es sind mitunter die eigenen Verwandten, von denen sie der Polizei ausgeliefert werden. Und Sie wird man hier als Touristin identifizieren und zur Propaganda missbrauchen. Man wird Sie benutzen, um zu behaupten: In diesem Land geht alles seinen gewohnten Gang.

In diesem Moment tritt die Stewardess wieder auf. Die Fluggeräusche sind letztens immer dominanter geworden.

STEWARDESS *(energisch).* Bitte setzen Sie sich, Herr Dudas!

DUDAS *(ruhig)*. Ja, schon gut. *(Er gibt der unbeeindruckten Gabriele Menck ein freundschaftliches Zeichen und kehrt an seinen Platz zurück.)*

FISCHER *(ungeduldig)*. Hallo! Stewardess! – Haben Sie etwas veranlasst? Weiß der Kapitän –

STEWARDESS. Ja. Wir werden die Angelegenheit von Kanton aus regeln.

FISCHER *(nicht recht zufrieden)*. Von Kanton? Aber ich kann nicht in Kanton warten. Ich muss sofort nach Hongkong weiter. – Wir sind gleich dort, hoffe ich?

STEWARDESS. Wir sind auf Kurs. Wir können direkt landen.

FISCHER *(hektisch)*. Wir sinken schon zu lange. Wir müssten schon längst unten sein!

Robert dreht sich aufwendig um, um Fischer sehen zu können. Missbilligend schüttelt er den Kopf, verkneift sich jedoch ein Kommentar. Dann führt er seine Maßnahmen zum Druckausgleich im Mittelohr fort, die er bereits vor einigen Minuten begonnen hat: Er schluckt, hält sich die Nase zu, schließt den Mund und 'bläst'.

STEWARDESS. Die Landung steht unmittelbar bevor, Herr Fischer.

FISCHER. Dieser Flug wird mir noch lange im Gedächtnis haften bleiben.

ISABEL *(erleichtert)*. – aah!

AGNES. Deine Ohren?

ISABEL. Ja, sie sind frei!

AGNES. Meine jetzt auch.

ISABEL *(aufgeregt zum Fenster drängend)*. Was ist zu sehen draußen? Sag!

AGNES. Kanton. Es ist wahrhaft eine Großstadt. Und der Perlfluss...

ISABEL. Agnes, mein Herz pocht wie ein Schlagzeug! – Lass mich ans Fenster sitzen!

AGNES. Zu spät. Plätze tauschen geht jetzt nicht mehr!

Im vorderen Passagierraum steigt die Spannung. Die Blicke fast aller richten sich nach den Fenstern. Im hinteren Passagierraum bleibt Joshua teilnahmslos, während Fielder eingeschlafen ist.

ROBERT. Freddy, du kannst die Augen gleich wieder aufmachen. Wir landen. Es wird wahr. Wo ist eigentlich Fielder?

FRIEDERIKE. Da hinten.

Sie weist kurz in Richtung Publikum, orientiert sich dann zum Fenster hin. Der Sinkflug ist in seiner letzten Phase, das Fahrwerk ist ausgefahren, man hört von draußen ein deutliches Pfeifen und Rauschen.

ISABEL *(naiv ernst)*. Jetzt habe ich mir nicht mal mehr die Zähne geputzt.

AGNES *(ohne den Blick vom Fenster abzuwenden)*. Ach, du.

FISCHER *(in Gedanken anderswo)*. Ich muss die Botschaft informieren.

Ein Ruck durchdringt den Raum – das Flugzeug hat aufgesetzt. Laut ringen Schubumkehr der Triebwerke und Radbremsen die Bewegung des schweren Langstrecken-

flugzeugs nieder, bis der Koloss schließlich zum Stillstand kommt.

ROBERT *(in die Stille hinein; laut und albern)*. Wir sind unten! Wir sind unten!

FISCHER *(mit einem Stöhnen)*. Gott sei Dank.

ROBERT *(närrisch)*. Das ist großartig. Alle Hochachtung. Applaus für den Piloten. Dank an den Kapitän. *(Er johlt und klatscht wild die Hände.)* Bravo, bravo! *(Er blickt sich um, sucht Jim Fischer.)* Was ist, Herr Fischer? Wollen Sie sich nicht anschließen?

FISCHER *(überlegt sich zweimal, ob er antworten soll)*. Danken? Und applaudieren? Dafür, dass jemand seine Arbeit verrichtet? – Nein. Mir applaudiert auch niemand, wenn ich meine Arbeit mache.

Robert dreht sich wieder nach vorn. In bester Stimmung holt er den Fotoapparat hervor und blitzt Friederike an.

ISABEL. Himmel, ich kann es nicht fassen. Was ist das für ein Land, in dem wir hier gelandet sind?

FISCHER *(trocken)*. Ein Land im Chaos.

DUDAS. Wir sollten nicht urteilen, ehe wir uns ein Bild gemacht haben. Nun werden wir dazu Gelegenheit haben.

FISCHER *(spöttisch)*. Das ist *Ihre* Aufgabe.

ROBERT *(löst seinen Gurt)*. Jetzt ist's nicht mehr weit zum Huáng Hé, Freddy. Wenn wir nachher im Hotel ankommen, werden wir uns erstmal zurückziehen und locker machen.

Friederike scheint es wieder besser zu gehen. Sie nickt, packt dann ihren Lippenstift aus und erneuert flüchtig ihr Make-up. Das Flugzeug rollt wieder an.

ISABEL. Ich bin so aufgeregt. Ich spüre, dass hier etwas mit mir geschehen wird, Agnes. *(Sie wirft einen Blick auf Agnes, die wie benommen nach draußen starrt.)* Agnes?

AGNES *(sich nun ihr zuwendend).* Was hast du gesagt? *(Isabel lächelt nur.)*

(LAUTSPRECHERSTIMME). Verehrte Fluggäste. Bitte bleiben Sie noch angeschnallt, bis wir unseren Standplatz erreicht haben. Wenn Sie nachher unser Flugzeug verlassen, werden Sie zur Passkontrolle und Gepäckrückgabe in die Ankunftshalle gebracht. Sie können dann den Zoll passieren und über die große Halle zum Ausgang gelangen. Eine Liste der zu verzollenden Güter erhalten Sie auf Anfrage auch bei unseren Stewardessen. Hier in Kanton ist es nun siebzehn Uhr fünfundvierzig. Zur Mittagszeit wurde heute eine Schattentemperatur von einunddreißig Grad Celsius gemessen. Ich bedanke mich, auch im Namen meiner Crew, sehr herzlich, wünsche Ihnen einen angenehmen Aufenthalt in Kanton und hoffe, dass Sie uns bald wieder Ihr Vertrauen schenken.

Robert beginnt wieder zu klatschen, dreht sich zugleich um, fordert mit einer animierenden Geste die übrigen Gäste auf, sich dem Applaus anzuschließen.

Die Stewardess kommt zurück in den Gang, wirft kontrollierende Blicke auf die Passagiere. Robert winkt sie zu sich.

ROBERT. Das Hotel, in dem wir übernachten – wie kommen wir da hin? – Ich meine, man hat uns versichert, wir bräuchten uns um nichts mehr zu kümmern, bis wir in – *(Er schaut fragend Friederike an.)*

FRIEDERIKE. Jinan.

ROBERT. Ja, Jinan. Bis wir in Jinan sind.

STEWARDESS. In der großen Halle wird man Ihnen das Gepäck abnehmen. Sie werden mit dem Hotelbus in die Stadt transferiert.

ROBERT *(albern)*. Wird man uns auch erkennen? – Ich meine, wir waren ja noch nie dort.

STEWARDESS *(lapidar)*. Sie werden sich schon bemerkbar machen.

AGNES *(zu Robert)*. Werdet ihr drei auch im 'Hotel China' übernachten?

ROBERT. Ja. Und ihr beiden fliegt morgen auch weiter nach Norden?

AGNES. Ich ja.

ISABEL. Ich nicht.

ROBERT. Schade. *(Er lacht.)*

Friederike packt Spiegel und Kamm aus und bearbeitet ihre Frisur.

AGNES *(zu Isabel)*. Hast eigentlich du schon eine Unterkunft für diese Nacht?

ISABEL. Ich brauche keine. Ich werde mich gleich auf den Weg machen nach Gongwu.

AGNES. Vielleicht solltest du dich erst einmal orientieren und mit uns im Hotel übernachten. Es liegt angeblich sehr zentral, und man wird dir gerne noch ein Zimmer anbieten.

ISABEL *(unerreichbar).* Danke, du, aber ich kann nicht mehr warten. Ich muss jetzt meine gesamte Aufmerksamkeit auf das Ziel konzentrieren.

AGNES *(voller Sympathie den Kopf schüttelnd).* Ich war ein einziges Mal so verliebt wie du.

ISABEL *(aufhorchend, strahlend, neugierig).* Wirklich?

AGNES. Ja. Aber das ist schon zwei Jahre her. Ich kann's dir jetzt nicht erzählen.

ISABEL. Du, wir müssen uns schreiben. Ich könnte es nicht ertragen, wenn wir nachher einfach so auseinandergingen. Du musst mir deine Adresse geben.

AGNES. Ich habe derzeit keine feste Adresse.

ISABEL *(betreten).* Das ist ja wahr.

Während das Flugzeug die letzten Meter rollt, zieht die Stewardess den Vorhang am Ende des rechten Gangs zurück, so dass der Weg zur Ausstiegstür frei wird.

STEWARDESS. *(wartet, bis das Flugzeug endgültig stillsteht; dann, zu den Passagieren:)* Wir sind am Ziel. Sie können sich abschnallen.

Sie öffnet jetzt die Tür nach draußen und schaut hinaus.

Die Passagiere auf der Bühne machen sich frei. Isabel ist die erste, die aufsteht und nach vorn zum Ausgang strebt. Auch Jim Fischer, Robert Pawo, Agnes Bening haben sich erhoben, suchen ihre Sachen, ihr Handgepäck zusammen.

ROBERT. Los, Freddy, jetzt gilt's.

FRIEDERIKE. Dräng' nicht so, Robert. Wir kommen doch erst morgen zum Gelben Fluss.

STEWARDESS *(stellt sich Isabel in den Weg).* Bitte warten Sie noch einen Augenblick.

Isabel, Fischer, Robert, Friederike stehen Schlange im rechten Gang vorm Ausstieg. Gabriele Menck schließt sich ruhig an, dann folgt Agnes.

FRIEDERIKE. Ob Fielder hinten aussteigt?

ROBERT. Weiß nicht.

Fielder sitzt nach wie vor im Publikum und droht nach der Landung auch den Ausstieg zu verschlafen.

ISABEL *(dreht sich in Richtung Agnes um; mit einer ganz neuen Idee).* Agnes, komm doch du mit mir!

AGNES. Nein, Isabel. Morgen ist mein Anschlussflug. Nein, ich muss weiter.

ISABEL. Wir werden uns wiedersehen. Ich bin mir ganz sicher.

AGNES *(skeptisch).* Wo wir jetzt sind, werden wir Überraschungen erleben... Ich mag nichts vorhersagen...

GABRIELE *(zu Agnes).* Haben Sie eine Arbeit in China?

AGNES. Ich habe verschiedene Optionen. Ich werde etwas finden.

STEWARDESS *(gibt den Weg frei).* Sie können nun hinausgehen.

ISABEL. Agnes, ich geh' schon mal voraus, ja? *(Sie verlässt den Passagierraum, die Bühne; ruft dann von draußen:)* Meinst du, er erwartet mich?

Fischer, Robert, Friederike und Gabriele folgen Isabel nach. Inzwischen hat sich auch Dudas erhoben. Gerade als Agnes im Begriff ist, die Schwelle des Ausstiegs zu überschreiten, spricht er sie von hinten an.

DUDAS. Junge Frau! – *(Agnes dreht sich freundlich um.)* Ihr Visum gilt nur für höchstens drei Monate. *(Er geht auf sie zu.)* Was werden Sie dann tun?

AGNES *(unbekümmert).* Ich will versuchen, es zu verlängern.

DUDAS *(väterlich tuend; aufdringlich).* Ich kann Ihnen anbieten, gewisse Einflüsse für sie geltend zu machen ... *(Die beiden gehen hinaus.)*

Die Stewardess bleibt nahe der Außentür stehen, blickt etwas unschlüssig in den Raum. Plötzlich fällt ihr ein, dass im hinteren Passagierraum noch Fluggäste sitzen. Sie eilt durch den Gang, geht von der Bühne in den Zuschauerraum und dort zunächst auf den schlafenden Fielder zu.

STEWARDESS *(indem sie Fielder zaghaft antippt).* Wir sind gelandet. Sie dürfen aussteigen.

FIELDER *(schlaftrunken).* Wie? Was?

STEWARDESS. Wir haben Kanton erreicht.

FIELDER. Moment! Wo sind die andern?

STEWARDESS. Ihre Freunde haben das Flugzeug bereits verlassen.

FIELDER *(fährt aufgebracht in die Höhe).* Was! *(Er stürmt wütend los, über die Bühne.)* Die wollten mich abhängen! *(Er stürmt nach draußen.)*

Dann schreitet die Stewardess hinüber zu Joshua, schaut den Sitzenden auffordernd an. Obwohl sie nichts sagt, nickt Joshua schwach, gibt sich einen Ruck, erhebt sich schwerfällig und geht an der Stewardess vorbei. Ehe er das Flugzeug verlässt, erlischt auf der Bühne das Licht.

ZWEITER TEIL.
IN CHINA.

Dritter Akt.

Das Bühnenbild zeigt einen Abflug-Warteraum im Flughafen der südchinesischen Stadt Kanton (Guangzhou). Wie im ersten Akt befindet sich rechts eine Eingangstür, links eine Ausgangstür, doch ist dieser Raum im Vergleich zu jener mitteleuropäischen Wartehalle karg ausgestattet. Sitzplätze stehen nur entlang der Wände zur Verfügung, der größte Teil der Bühne ist vollkommen frei. Es gibt keine Serviceeinrichtungen. Die Wände sind weißgetüncht und mit wenigen chinesischen Seidenbildern geschmückt. Der Raum hat keine Fenster. Rechts ist ein Schild angebracht, auf dem groß in chinesischen Schriftzeichen und in englischer Sprache die Informationen

FLIGHT: 089
DEPARTS: 11:00
DESTINATION: JINAN

zu lesen sind.

Es ist Mittwoch, der einundzwanzigste Juni, achtzehn Stunden nach Ankunft der Reisenden in Kanton, etwa drei Viertelstunden vor Start des Inland-Anschlussfluges nach Jinan. Im ansonsten leeren Warteraum sitzen Agnes Bening und Joshua Simjamin direkt nebeneinander, dem Publikum zugewandt. Agnes trägt ein helles, einfaches Sommerkleid. Sie knabbert Kekse, welche in einer Packung auf ihrem Schoß liegen. Auch Joshua greift dorthin und bedient sich. Er trägt wieder seine Brille mit den dunkel getönten Gläsern.

Nach einigen Sekunden treten von rechts Robert und Fielder in den Raum. Fielder trägt zwei mit großen Papp-

schachteln gefüllte, glitzernde Plastiktüten mit sich. Trotz dieser Fracht winkt er beim Eintreten Agnes und Joshua zu. Robert grüßt zunächst nicht. Offensichtlich in Rage, kickt er eine leere Zigarettenschachtel über den Fußboden.

ROBERT. Ich hab's gewusst, dass die doch noch kneift, im letzten Moment.

FIELDER. Wenn du's gewusst hast, warum sind wir dann den Trip überhaupt angetreten?

Die beiden kommen in der Mitte des Raumes zum Stehen.

ROBERT *(verärgert).* Warum? Warum? Warum fliegt man nach Jinan? – Junge, ich will Fotos machen von krassen Motiven. Aktionskunst, surrealistische Szenen, nicht gemalt, sondern echt fotografiert. Für solche Fotos werden zur Zeit Wahnsinnspreise gezahlt.

FIELDER. Aber wenn sie nicht springt?

ROBERT *(aggressiv).* Wenn Freddy nicht springt, brauchen wir ein anderes Motiv. Dann *schiffen* wir eben in den Gelben Fluss! *(Er stampft auf die Zigarettenschachtel, bis sie platt ist.)*

FIELDER *(mit einem derben Lachen).* Ist ja wahr: Da kann man 'reinpinkeln, ohne dass es einer merkt. Der ist ja schon gelb! Haha! Hahaha!

ROBERT *(beachtet Agnes und Joshua erst jetzt).* Guten Morgen.

AGNES. Hallo.

ROBERT *(zu Fielder).* Die kam die ganze Nacht über nicht vom Klo runter. Endlich hatten wir mal ein Zimmer, und Zeit, und Platz, und dann bekommt sie

Durchfall. So ein Reinfall, Mann. Ich hatte während der ganzen lausigen Nacht nur trübe Gedanken.

FIELDER. Weißt du, was mir passiert ist? – Heute früh, noch im Bett, als der Wecker geklingelt hat, habe ich mir beim Ausstrecken einen Wadenkrampf zugezogen.

ROBERT *(deutet mit einem Finger auf Fielders Tüten).* Jetzt zeig endlich, was du da eingekauft hast!

Fielder geht nach links durch den Raum, stellt seine Einkäufe auf einen Stuhl und packt die Pappschachteln aus. Robert bleibt in der Raummitte stehen.

FIELDER. Ich bin im 'Friendship Store' gewesen. Ich hab' dort Waren bekommen, die direkt aus Hongkong importiert sind. – Es sind Geschenke für meine Eltern und für meinen Bruder. *(Er öffnet die Pappschachteln.)* Schau hier: Da drin ist eine Krapfen-Teetasse. Blau, Ming, mit aufgemalten himmlischen Drachen auf goldener Wolke. Für meine Mutter.

ROBERT *(befremdet).* Wieso 'Krapfen'-Teetasse?

FIELDER. Das weiß ich noch nicht. Und hier *(Er öffnet eine längliche Schachtel, in der sich sechs Kugeln befinden.),* das ist für meinen Bruder. Es enthält die historische Entwicklung des Golfballs. *(Er packt die Schachtel wieder ein.)* Und schließlich habe ich das hier für meinen Daddy gefunden: *(Er hält eine weiße Box, wenig größer als eine Zigarettenschachtel, in die Höhe.)* Was ist das?

ROBERT *(gelangweilt).* Was ist das?

FIELDER *(begeistert).* Es ist eine 'Smoke-and-Stop-Box'. Die ist elektronisch so programmiert, dass sie sich nur in immer länger werdenden Zeitintervallen öffnen lässt. *(Er packt die Box wieder ein.)*

ROBERT *(zitiert aus Milan Kunderas Roman 'Die unerträgliche Leichtigkeit des Seins')*. "Der Kitsch ist die absolute Negation der Scheiße." – Solchen Schund bekommst du überall auf der Welt.

FIELDER *(unberührt)*. Aber wenige können ihn so nahe an der Quelle seiner Produktion kaufen.

ROBERT. Mach' du mit deinem Geld, was du willst.

FIELDER *(bemerkt, dass Robert nun unvermittelt zu grinsen anfängt)*. Was lachst du?

ROBERT. Ich muss an den Manager denken.

FIELDER. Den Fischer?

ROBERT. Ja. *(zu Agnes und Joshua:)* Habt ihr das gestern mitbekommen? Der Fischer bei der Zollkontrolle? *(Agnes schüttelt den Kopf.)* Der hat so ein elektronisches Gerät bei sich gehabt, das hat er 'rausrücken müssen. So 'n Taschencomputer. Die Beamten wussten nicht, was das ist, haben damit 'rumgespielt und *(Er prustet vor Lachen.)* ihm versehentlich irgendwelche Daten gelöscht. Aber das Beste kommt noch: Als sie sich seinen Aktenkoffer haben geben lassen, hat der Fischer nochmal gesagt: "Der geht ohne Schlüssel nicht auf. Das ist ein Tresorkoffer." – Was macht da der Beamte? – Nimmt sich das Ding, klopft nur kurz dagegen, mit einem einfachen Handkantenschlag, und plopp – Die Kiste ist offen. Herrschaften, der Fischer! Über dieses dämliche Gesicht werde ich mich noch tagelang amüsieren! – Eigentlich schade, dass der nicht mit uns weiterfliegt. Wir hatten so viel Spaß zusammen.

FIELDER. Ich hab' ihn vorhin noch im Hotel gesehen. Er hat telefoniert.

ROBERT. Der wollte doch gestern gleich weiter nach Hongkong?

FIELDER. Ich weiß nicht.

ROBERT *(dreht sich um zum Eingang des Warteraums).* Ich schaue besser nochmal nach Freddy. Vielleicht hängt sie wieder auf dem Klo 'rum. *(Er entfernt sich nach rechts.)*

FIELDER. Warte, ich komm' mit. *(zu Agnes:)* Könnt ihr einen Moment auf meine Sachen aufpassen?

Agnes nickt. Fielder folgt Robert hinaus.

AGNES *(zu Joshua).* Bist du jetzt müde?

JOSHUA. Es geht.

AGNES. Bis jetzt haben wir kaum über dich gesprochen.

JOSHUA. Das war gut so.

AGNES *(nach einer kurzen Pause; lächelnd).* Wenn du inkognito reisen wolltest, dann ist es dir nicht gelungen. – Ich weiß manches über dich.

JOSHUA *(etwas gleichgültig).* So?

AGNES. Vor etwa zwei Jahren las ich im Sonntagsteil unserer Zeitung eine Reportage über die Umgestaltungsmaßnahmen im Central Park. Auf mehreren Fotos war eine Gartenanlage mit Wasserwegen entlang abstrakter Formen und Skulpturen abgebildet. Daneben ein Artikel über den in New York lebenden Künstler, der die Anlage entworfen hatte. Erinnere ich mich richtig: Der hatte Kontakte zu seiner Heimatstadt Leningrad geknüpft. Es ging um die Rekultivierung des

Parks, um Natursteine und Völkerverständigung... – Da ging es um dich, nicht wahr?

JOSHUA *(zögerlich)*. Vielleicht ging es um roten Granit vom Ladogasee. Und um braunen Granit aus Colorado. Und um die Frage, ob das gleiche Wasser über beide Steine fließen dürfe.

AGNES. Ein Detail der Anlage gefiel mir besonders: Das war eine seltsame, aber fröhliche Gestalt, die unterm Leck einer rostigen Regenrinne duschte. Ich rätselte, ob diese Figur eher eine Maus oder ein Vogel war...

JOSHUA *(nachdenklich)*. Ich weiß es selbst nicht. Manche sahen in dieser Figur Anspielungen auf Sitting Bull, Speedy Gonzales oder auch Ed Koch.

Es ergibt sich eine kurze Stille.

AGNES. Als wir gestern Abend im Orchideengarten aufeinander trafen, in der Dunkelheit... – Ich habe mich im ersten Moment gefürchtet vor dir. Ich hatte gestern nicht mehr damit gerechnet, überhaupt jemandem zu begegnen. Ich war sowieso schon erschrocken gewesen über unser Hotel und das wenige, was ich von Kanton gesehen hatte. Ein riesiges, fast menschenleeres Hotel... Hallen mit endlosen Reihen eintönig gedeckter Tische... Ein Haus mit tausend Betten, aber nicht mehr als zehn oder zwanzig davon belegt. Ich hatte mir die Situation nicht so krass vorgestellt. Schon gar nicht hier im Süden Chinas. – Ich fand sie schrecklich, diese Stadt.

JOSHUA. So wie mich.

AGNES *(lächelnd)*. Ich sah und erkannte dich bereits von weitem. Zunächst wollte ich abdrehen oder ausweichen. Dann dachte ich, vielleicht könnten wir uns auch zusammentun...

JOSHUA. Ihr Frauen scheint alle zu glauben, dass Menschen sich immer zusammentun müssten.

AGNES. Ich hatte den Eindruck, dass du meiner Gesellschaft nicht abgeneigt warst.

JOSHUA *(leise)*. Du hast ein gutes Gespür für Menschen. Ja. Ich danke dir, dass du mit mir weitergegangen bist.

AGNES *(munter)*. Alleine wäre ich die Straße am Orchideengarten nicht weitergegangen. Dann hätte ich geglaubt, dass hier nach zweiundzwanzig Uhr alle Tavernen geschlossen hätten. Dann wäre ich bald zurückgekehrt und müsste die Stadt heute mit einem ganz falschen Eindruck verlassen. Gut, dass wir weitergegangen sind bis zum Teehausviertel. Und gut, dass du mich begleitet hast in eines dieser Häuser. Die Gastgeber waren so warmherzig, nicht? Und das Ehepaar am Nachbartisch: Ich hätte nicht gewagt, die beiden anzusprechen. Aber sie gingen auf uns zu und luden uns zu sich nach Hause ein. – Wären wir länger hier in der Stadt, wie gerne würde ich diese Einladung annehmen... Hoffentlich gibt es solche Teehäuser auch im Norden...

JOSHUA. Wie du dich mit den Einheimischen verständigt hast, hat mich beeindruckt. Du sprichst so leicht und ohne Anstrengung. Für mich war es eine Wohltat, dabei zu sein. Und das Licht in der Teestube war so angenehm gewesen...

AGNES. Ohne diese dunkle Brille wirktest du gleich viel aufgeschlossener!

JOSHUA *(nimmt seine Brille ab)*. Wir hatten eine einfache, unbeschwerte Unterhaltung. Keine schwierigen Themen, keine fundamentalen Fragen. Wie gut das tat! *(Er setzt seine Brille wieder auf.)* Ich vertrage noch kein grelles Licht.

AGNES *(nach einer Pause)*. Du warst in ärztlicher Behandlung?

JOSHUA. Ja, während der letzten Wochen.

AGNES. Wo?

JOSHUA. In Köln.

AGNES. Warum in Köln?

JOSHUA. Alte Bekannte von mir betreuen dort in den Messehallen eine große Ausstellung. Sie luden mich ein, die Ausstellung zu besuchen.

AGNES. Ich kenne diese Ausstellung. Der Katalog wurde auch in meiner Buchhandlung verkauft!

JOSHUA. *(mit einem etwas gequälten Lächeln:)* Die Einladung zur Ausstellung war nur ein Vorwand. Meine Freunde machen sich Sorgen um mich. Sie haben mich dort in guter Absicht, wie zufällig, weitergereicht an einen angesagten Therapeuten. Bei dem hatte ich dann mehrere Sitzungen.

AGNES. Das hört sich nicht nach großem Erfolg an...

JOSHUA. Mein Vertrauen in die wissenschaftliche Medizin ist gering. Darum kann ich auch nicht erwarten, dass sie meine Blockade lösen kann.

AGNES. Warum warst du zuletzt nicht mehr in New York? Was ist los in New York City?

JOSHUA. Die Stadt belastet mich. Sie brodelt. Im Central Park, wie auch anderswo, geschehen furchtbare Gewalttaten. Alltäglich werden Crack und andere harte Drogen konsumiert. Es herrscht Unfriede. Ängste und Rassismus machen sich breit. Und ein schillernder, einflussreicher Bauunternehmer *(Joshua spricht von Donald Trump)* gießt noch Öl ins Feuer: Er fordert in einer aufdringlichen Kampagne die Wiedereinführung der Todesstrafe.

Agnes steht nun auf.

AGNES. Was ich noch über dich weiß: Du hast mit Stein und mit Metall gearbeitet. Du hast Gebrauchsartikel und ausrangierte Gegenstände in deine Werke eingearbeitet.

JOSHUA *(versinkt in Gedanken).* Die Dachrinne. Die Dachrinne vom abgerissenen Hotel Victoria...

AGNES. Du hast auch mit Bronze gearbeitet, nicht?

JOSHUA. Manchmal. Bronzegüsse nach Tonmodellen.

AGNES. Im neuen Kunstmuseum in Brüssel war eine Zeitlang eine Bronzeplastik von dir ausgestellt. Ich bin mehrmals hingegangen, um sie zu sehen. Es machte Freude, sie zu betrachten: eine brechende Wasserwelle, die sich um einen Menschen schmiegt. Es war eine vollendete Figur, ausgewogen, beruhigend und warm. Man mochte sie berühren und streicheln, aber eine Absperrung hinderte uns Besucher am Zugang... Den Namen des Künstlers habe ich mir schon damals gemerkt. Den Titel der Arbeit habe ich leider vergessen... Du weißt, wovon ich spreche?

JOSHUA *(wieder sehr zögerlich).* Vielleicht. Ich kann mich kaum erinnern.

AGNES. Ich war etwas traurig, als die Ausstellung beendet war und die Plastik aus dem Museum entfernt wurde.

Auch Joshua steht nun auf und tritt an den Rand der Bühne. Agnes folgt ihm mit ihrem Blick.

AGNES. Dass ich dich nun auf dieser Reise kennenlerne... Ich hätte dich schon damals gerne gefragt, was dich antreibt und inspiriert. Was du denkst und fühlst, wenn durch deine Hände solche Werke entstehen.

JOSHUA *(etwas verstört).* Was mich antreibt? – Oft gar nichts mehr. Inspirationen huschen vorbei und schwinden. Ich frage mich mittlerweile, wer *ich* denn überhaupt bin.

AGNES *(unbefangen).* Der Zeitungsredakteur nannte Josh Simjamin einen international geschätzten Künstler, der mit seinen Arbeiten bemerkenswerte Spuren gesetzt hat.

JOSHUA. Das ist alles so weit entfernt. Bezugspunkte lösen sich auf, der Boden wankt, alles ist im Wandel. Manches wird gnadenlos hinterfragt, anderes unreflektiert konsumiert. Maßlosigkeit ist allerorten.

AGNES. Was meinst du damit?

Joshua greift sich in plötzlicher Wut zwei der an der Wand stehenden Stühle und schleift sie in Richtung Raummitte, wo er sie in eineinhalb Metern Abstand voneinander stehen lässt.

JOSHUA *(spricht relativ laut).* Ich könnte mir zwei Schemel nehmen und *(Er blickt Agnes forsch an.)* – gibst du mir kurz deine Schuhe, bitte?

Agnes blickt ihn verwundert an, zieht dann ihre Sandalen aus und gibt sie ihm. Joshua stellt auf jeden der beiden Stühle einen Schuh, und zwar so, dass sie zusammen eine 'Linie' bilden.

JOSHUA. Soll ich dich in der New Yorker Szene bekannt machen? Das geht so: Wenn ich drüben diesen Mumpitz aufbaue, zwei Stühle und ein Paar Damenschuhe, und ihm den Titel gebe: 'Agnes B. doing the splits'... *(Joshua steigert sich in seine Wut hinein:)* ... dann werden in Kürze einige Freaks bei mir vorstellig, klopfen mir auf die Schulter und raunen: "Wow, great art!" Am nächsten Tag kommen die Journalisten, und nächste Woche ist die Installation für drei- oder viertausend Dollar verkauft. – Der Kunstmarkt ist überdreht und steht kurz vor dem Kollaps. In der Szene ist Kunst zum Spiel mit dem Nichts geworden, zur Provokation.

AGNES. So etwas passt nicht zu dir. Deine Werke sind von ganz anderer Art. Sie sind schön in Form und Inhalt. Sie haben Substanz und Seele. *(Sie geht zu den Stühlen und holt sich ihre Sandalen zurück.)* Du bist Bildhauer, und was du geschaffen hast, hat Bestand.

JOSHUA. Was ist heute noch beständig? – Ich hatte große Pläne für meinen Garten im Central Park. Sie wurden diskutiert und breitgetreten, bis sie hohl waren. Dann, im Schutz der Nacht, wüteten die Vandalen, zerstörten sowohl die Vegetation als auch die Brunnentechnik, bis das Wasser still stand. Schließlich kamen alternative Künstler, die die Anlage mit Graffiti überdeckten. *(Er lacht bitter auf und geht ruhelos durch den Raum.)* Graffiti auf Granit – das Unvorstellbare wird gesellschaftsfähig. Was ist das für eine Zeit? Was sind das für Stürme, die über die Erde fegen?

AGNES *(nachdem sie ihn einige Momente lang beobachtet hat).* Jetzt streifst du wieder so haltlos umher wie vorgestern Nacht in der Flugzeugkabine.

JOSHUA. Was soll ich tun? – Mein Kopf ist leer. Ich sehe keinen Nutzen in meiner Arbeit. Meine Plastiken werden teuer verkauft und sind doch nicht mehr wert als die albernen Fotos, die dieser Robert in Jinan machen will. Und nicht mehr wert als das billige Zeug, das dieser Fielder hier erstanden hat *(Er zeigt auf die beiden Tüten, die ein paar Meter entfernt auf einem Stuhl abgestellt sind.)*: historische Golfbälle, kitschige Plastikdrachen, elektronischer Firlefanz.

AGNES. Dazwischen liegt eine ganze Welt. Die Leute kaufen vieles, was sie nicht wirklich brauchen. Wie im Rausch. Viele sind süchtig nach Besitz. Sie wollen Autos besitzen, immer neue, schnellere und bequemere. Sie wollen elektrische Brotschneidemaschinen und elektrische Zahnbürsten. – Was du schaffst, braucht man nicht zu besitzen. Man kann es nicht einmal kaufen. Es ist die *Wirkung* deiner Werke. Deine Werke sind einfach, witzig, positiv, unbekümmert. Sie geben Wärme, machen den Menschen lächeln. *(mit einem Seitenblick auf Fielders Tüten:)* Diese überflüssigen Gegenstände dagegen – ich bezweifle, dass sich Fielders Eltern oder sein Bruder über solche Geschenke ehrlich freuen werden.

Joshua stellt nachdenklich die Stühle zurück und lässt sich dann auf einem von ihnen nieder.

Nun tritt Gabriele Menck von rechts in den Raum ein. Sie trägt Kleidung in frischen Farben, die von Ausgeglichenheit und Lebensfreude zeugen. Mit ihrer Hand hält sie eine asiatische Stofftasche.

GABRIELE *(vorsichtig, aber freundlich)*. Guten Morgen, Agnes. Guten Morgen, Joshua.

AGNES. Guten Morgen, Frau Menck! – Na, wie haben Sie die Nacht verbracht? Haben Sie schlafen können?

GABRIELE. Es war keine richtige Nacht.

AGNES *(heiter)*. Nun; es war doch dunkel, und jetzt ist es wieder hell!

GABRIELE *(lachend)*. Ja, nur war ich munter, solange es dunkel war. Und *jetzt* werde ich müde.

AGNES *(mit Blick zu Joshua)*. Unsere Zimmer im Hotel waren auf der gleichen Etage.

GABRIELE. In welchem Stockwerk war das, Joshua? – Ich war im dreizehnten untergebracht.

JOSHUA. Es war ganz oben, im vierzehnten. Aber wir hatten kaum Zeit zum Schlafen.

AGNES. Wir haben bis in die Morgenstunden in einem dieser Teehäuser gesessen.

GABRIELE *(überrascht)*. Sie beide sind zusammen ausgegangen? – *(ehrlich:)* Das freut mich.

AGNES. Es war ein einzigartiges Erlebnis. Das Teehaus bestand aus lauter kleinen, alten Pavillons und Salons auf drei Etagen, die über hölzerne Innentreppen miteinander verbunden waren. Wir haben Kantonesischen Tee getrunken. Ich habe dazu Sandkuchen gegessen. Joshua hat sich ein 'Dim Sum'-Gericht bestellt.

GABRIELE *(blickt Joshua wohlgesinnt an).* Ich bin gestern am Perlfluss gewesen. Es gibt dort einen riesengroßen Hafen. Tausende Schiffe laufen täglich ein oder aus, und selbst nachts kehrt keine Ruhe ein. Aber wenn die Dunkelheit anbricht, gehen unzählige kleine rote Lichter auf dem Fluss an: Die Leute entzünden Kerzen und Laternen auf ihren Dschunken. Dudas behauptet, es wohnen hunderttausend Kantonesen auf dem Fluss.

AGNES. Dieses Land ist unbegreiflich.

GABRIELE. Heute in der Frühe bin ich nochmals dorthin gegangen. Ich sah, wie in der Morgendämmerung eine ganze Herde grauer Büffel von einem Schiff an Land getrieben wurde. Und es wimmelt nur so von Fußgängern, Fahrrädern und Handkarren. *(Sie lacht leicht auf.)* Jim Fischer mag es Steinzeit-Wirtschaft nennen, ich dagegen bin beeindruckt. Die Menschen hier drängen nicht, sondern haben Geduld.

AGNES. Fischer ist heute Morgen noch im Hotel gewesen.

GABRIELE. Er ist immer noch nicht weitergefahren? – Dudas ist auch noch hier. Ich habe ihn beim Frühstücken gesehen. Er sagte, er habe seinen Anschlussflug nach Peking auf nächste Woche verschoben.

AGNES. Warum?

GABRIELE. Ich kann nur spekulieren. Er tat nämlich sehr gravitätisch und sagte, er habe Informationen, die seine ursprünglichen Reisepläne durchkreuzten. *(Sie lächelt, zuckt die Schultern.)* – Und Ihre Reisebekanntschaft, dieses junge Mädchen, hat sie etwas von sich hören lassen?

AGNES. Nein. Ich habe ihr zwar die Telefonnummer vom 'Hotel China' gegeben, aber es war vorhin keine Nachricht für mich da. – Dennoch, sie glaubt, dass wir uns in den kommenden Wochen hier in China wieder irgendwo treffen werden. *(nachdenklich:)* Sie bemüht sich so heftig, ihr Ziel zu erreichen. Aber ich befürchte, dass sie sich gerade dadurch große Schwierigkeiten macht.

GABRIELE. Sie war vor Liebe geradezu entrückt.

AGNES. Ja. Sie fühlte sich bestens. Sie war erregt und voll Vorfreude, wie wir es uns gar nicht vorstellen können.

GABRIELE. Oh mein Gott, ja. Es ist für Außenstehende so schwer, sich in Verliebte hineinzuversetzen. Für Verliebte ist jede Bewegung, jeder Gedanke, jedes Wort ein prickelndes Abenteuer.

AGNES. Als sie sich gestern von uns getrennt hat, habe ich Isabel beneidet.

GABRIELE *(leise)*. Ich ebenso.

AGNES *(skeptisch)*. Ob wir einmal erfahren werden, wie es ihr ergangen ist? *(Sie wirft einen Blick auf Gabrieles Tasche.)* – Sie haben auch eingekauft?

GABRIELE. Nur etwas Stoff. Für einen fairen Preis. *(Sie zieht ein schwarzes, großflächiges Tuch hervor und lässt Agnes daran fühlen.)* Es ist Seide. Sie schimmert wie Anthrazit und knittert nicht. – Ich bin so angetan von den Frauen hier. Die Kantonesinnen sind kokett und anmutig. Viele tragen Hosen aus diesem Stoff, und dazu taillenenge Baumwollblusen. Haben Sie gesehen?

AGNES. Ja, entzückend. Ich bin heute Morgen mit Joshua noch die große Geschäftsstraße hinuntergegangen.

GABRIELE *(blickt auf die Stuhlreihe an der hinteren Wand)*. Wollen wir uns setzen?

Agnes nickt. Die beiden Frauen nehmen in Joshuas Nähe Platz.

GABRIELE. Die Verkaufslokale sind Höhlen. In manche von ihnen gelangt man nur durch einen dunklen, teils mit Neonröhren beleuchteten Gang.

AGNES. Sehr geheimnisvoll.

GABRIELE. Aber unser Hotel – es war mir zu luxuriös. Ich bin nicht nach China gekommen, um mich verwöhnen zu lassen.

AGNES. Mir ging es genauso. Es war unangenehm: überall Personal, Türsteher, Empfangsdamen, Kellner, die nichts zu tun hatten, als uns zu hofieren. – Das ist nicht normal; ich glaube, wenn wir vier Wochen früher gekommen wären, dann hätte man uns für diese eine Nacht in einem ganz anderen Hotel untergebracht. *(Sie blickt Gabriele an:)* – Sie engagieren sich sehr für den Handel mit den ärmeren Ländern, nicht?

GABRIELE *(atmet zunächst durch)*. Ich habe nur Partei für die Schwächeren ergriffen. Weil die sich alleine kein Gehör verschaffen können.

AGNES. Das ist imponierend.

GABRIELE. Aber es gibt keinen Grund, mich zu rühmen, nur weil ich einen Dritte-Welt-Laden geführt habe. Ich trug keinerlei unternehmerisches Risiko. Ich war zu jedem Zeitpunkt abgesichert durch das Einkommen meines Mannes.

AGNES. Sie sagen das, als ob Sie aus dieser Sicherheit geflohen wären?

GABRIELE *(gedankenverloren).* Vermutlich, ja. Dass ich keinen Erfolg mit meinen Aktionen hatte, blieb ohne wirtschaftliche Folgen. Ich fand das irgendwann beschämend.

In diesem Moment hört man von draußen Stimmen:

ROBERT. Ich habe dich gewarnt. Du weißt nicht, ob diese Kiste auch wirklich funktioniert.

FIELDER. Und wenn schon. Was sind schon hundertfünfzig Yuan? – Wenn's nicht funktioniert, trete ich das Ding in die nächste Tonne.

Die beiden kommen rechts durch die Eingangstür. Fielder trägt vor sich einen Radio-Weltempfänger in Originalverpackung her.

FIELDER *(zu Gabriele).* Guten Morgen.

GABRIELE *(mit einem prüfenden Blick auf den Weltempfänger).* Guten Tag.

FIELDER *(zu Agnes).* Den hab' ich eben noch schnell einem Chinesen abgekauft. Es ist ein Weltempfänger.

GABRIELE. Das passt ganz gut zu unserem Gesprächsthema.

FIELDER. Das verstehe ich nicht.

GABRIELE. "Was sind schon hundertfünfzig Yuan?"

FIELDER *(verwirrt).* Ja, ich habe ihm hundertfünfzig Yuan dafür gegeben.

GABRIELE. Hundertfünfzig Yuan – das sind mehr als das durchschnittliche Monatseinkommen eines Chinesen, der hier lebt.

FIELDER *(überfordert)*. Na und? Ist das meine Schuld?

GABRIELE *(nickt bitter, senkt den Kopf)*. Arbeit und Lohn, Wohlstand und Warenwert. – Vieles auf diesem Globus passt nicht zusammen.

Robert stößt Fielder gegen den Rücken, schiebt ihn zu den Stühlen an der rechten Wand des Raumes. Dort nehmen die beiden Platz. Fielder legt den Weltempfänger behutsam auf seinen Schoß.

ROBERT. Probier's mal aus, das Gerät.

FIELDER *(etwas gekränkt wegen Gabriele)*. Das hat Zeit. *(nach einer Pause:)* Ich glaube, Freddy hat sich wieder gefangen.

ROBERT *(mürrisch)*. Wieso?

FIELDER. Sie war ganz gut bei Stimme.

ROBERT. Und warum macht sie dann die Toilettentür nicht auf?

FIELDER. Vielleicht hat sie ihre Regel. *(Gabriele schüttelt empört den Kopf.)*

ROBERT. Bürschlein, beschäftige du dich besser mit deinen Wadenkrämpfen!

Im Raum kehrt wieder etwas Stille ein. Robert blickt sich um.

ROBERT *(zu den anderen Reisenden; laut)*. Hat jemand 'Hund' gegessen, hier in Kanton, gestern Abend? *(Er wartet. – Da niemand antwortet:)* Wir nicht. Ich wollte 'Schlangengalle', er *(Fielder)* wollte 'Zibetkatze' speisen. Aber man hat uns entgegen unseren Wünschen süßsaure Gans gebracht.

GABRIELE *(bissig)*. Vielleicht ist Ihr Mandarin-Chinesisch nicht vollkommen.

ROBERT. Daran kann es eventuell gelegen haben. *(Er macht sich über die chinesische Sprache lustig:)* Uo jau dschü dsä schuäi. Uo bu jau. Tsching ni gausu uo –

Er bricht ab, als er Friederike in den Raum eintreten sieht. Sie wirkt weder krank noch beeinträchtigt. Sehr knapp grüßt sie die Mitreisenden, setzt sich dann auf einen Stuhl neben Fielder.

FRIEDERIKE. Wo sind die anderen Passagiere?

Gabriele steht auf und geht etwas unruhig durch den Raum an den Rand der Bühne.

GABRIELE. Ich habe mich auch schon gefragt, weshalb wir immer noch unter uns sind. *(ins Publikum:)* Gibt es denn keine Chinesen, die von Kanton nach Jinan fliegen?

FRIEDERIKE. Ich habe weit und breit keinen gesehen. Draußen ist nur noch dieser... – dieser Dudas. Der lässt sich gerade abfertigen.

ROBERT. Wollte der nicht nach Peking weiter?

FRIEDERIKE *(zuckt die Schultern)*. Kannst ihn ja gleich fragen, wenn's dich interessiert. Die Amerikanerin ist auch bei ihm.

AGNES *(horcht auf)*. *Wer* ist bei ihm?

FRIEDERIKE. Eben die, die gestern im Flugzeug bei dir gesessen hat.

Agnes blickt Gabriele an, steht dann auf und geht nach rechts zum Eingang des Warteraums. Unschlüssig, ob sie nochmals hinausgehen soll, bleibt sie stehen, schaut hinaus. Nach einigen Sekunden sieht sie, dass Dudas naht. Als er eintritt, hält sie ihn auf. Dudas trägt seine Arbeitsutensilien bei sich und wirkt sehr tatkräftig.

AGNES *(hastig).* Ist Isabel – Entschuldigung. *(Sie lächelt kurz, beginnt nochmals langsamer:)* Guten Tag. Haben Sie Frau McPhail gesehen, Herr Dudas?

DUDAS *(erhaben).* Die junge Dame passiert gerade die Abfertigung. Sie wird mit uns fliegen. *(Er geht weiter in den Raum, lässt Agnes stehen.)*

AGNES *(verdutzt).* Aber – woher hat sie denn den Flugschein, so kurz –

DUDAS *(ist links am Rand der Bühne zum Stehen gekommen und blickt ins Publikum).* Dieses Land befindet sich in einer Ausnahmesituation. *(Er dreht sich um, spricht sehr wichtig:)* Die Regierung in Peking hat den Bürgern das Reisen erschwert. Weil gestern sämtliche früher erteilten Ausreisegenehmigungen erloschen sind, stehen die Chinesen vor den Botschaften Schlange. *Wir* aber sind Touristen, Ausländer. Wir genießen Privilegien. *(Seine Stimme klingt sehr dramatisch.)* Allerdings wundert auch mich, dass sich bisher hier derart wenige Passagiere eingefunden haben.

GABRIELE *(geht auf ihn zu).* Warum macht die Regierung solche Unterschiede zwischen Einheimischen und Ausländern?

DUDAS *(sieht sich in seiner früheren Warnung bestätigt).* Noch vor wenigen Tagen wurde versucht, ausländische Zeugen aus dem Land zu jagen, damit unbeobachtet mit brutalen Mitteln 'Ordnung' geschaffen werden konnte. In der jetzigen Phase aber sind ausländische Touristen äußerst willkommen. Es geht um Devisen und um die Rückgewinnung internationalen Ansehens. Die offizielle Propaganda *braucht* jetzt Touristen.

FRIEDERIKE *(laut)*. Kein Mensch ist hier für die Propaganda gekommen! Mit den Bonzen in Peking haben wir überhaupt nichts zu tun.

ROBERT. Regierungspropaganda prallt an mir kalt ab. Auf dem Ohr bin ich taub.

GABRIELE *(beunruhigt)*. Warum fliegen jetzt auch Sie nach Jinan, Herr Dudas?

DUDAS *(erhaben)*. Aufgabe eines Journalisten ist, dafür zu sorgen, dass nicht insgeheim und unbemerkt gemordet werden kann.

Alle blicken Dudas erschrocken an.

DUDAS *(erwidert die Blicke mit kühlem Lächeln)*. Dies ist kein Urlaubsland zur Urlaubszeit.

GABRIELE *(fordernd)*. Was geschieht in Jinan?

DUDAS *(mit etwas Arroganz)*. Offensichtlich waren Sie hier in Kanton zu unternehmungslustig, um einfach nur Fernsehen zu schauen. Hätten Sie im Hotel den Staatssender eingeschaltet, dann hätten Sie neue Verhaftungen und Geständnisse gesehen, und Auftritte der "ruhmreichen" Volksbefreiungsarmee. *(Endlich kommt er zur Sache:)* Wir werden in dreieinhalb Stunden in einer Stadt ankommen, in der heute in öffentlichen Schauprozessen zwanzig junge Menschen zum Tod verurteilt und hingerichtet werden.

Alle Anwesenden reagieren bestürzt. Auch Agnes geht nun auf Dudas zu.

AGNES *(drängend)*. Was will denn Isabel dann dort?

DUDAS *(mit einem Schulterzucken)*. Ich habe die junge Frau vorhin beim Bahnhof gefunden. Ich habe sie mit einem Taxi hierher bringen lassen... –

Er blickt zum Eingang. Dort steht seit eben Isabel; sie macht einen völlig erschöpften, übermüdeten Eindruck. Sie trägt dieselbe Kleidung wie in den ersten beiden Akten, ist ungekämmt, stützt sich am Türrahmen ab. Gabriele und Agnes drehen sich ihr zu.

AGNES. Isabel!

Agnes geht Isabel langsam entgegen. Sie ist ahnungsvoll verunsichert über die Situation und über Isabels Erscheinung. Isabel lächelt Agnes schwach entgegen, ist aber offensichtlich körperlich am Ende.

FIELDER *(mit einem ungeschickten Versuch, die Spannung aufzulockern)*. Mir scheint, das Flugzeug wird doch noch voll heute!

Ehe Agnes Isabel erreicht, bricht diese zusammen und sinkt entkräftet auf den Boden nieder. Während alle anderen vor Schreck zunächst erstarren, springt Joshua von seinem Platz auf und eilt als erster zu Hilfe. Erst dann reagieren auch die anderen Reisenden, stehen auf und scharen sich um die junge Frau. Für einen Moment macht sich Hektik breit. Joshua und Agnes knien bei Isabel am Boden.

DUDAS. Bleiben Sie hier; ich rufe einen Sanitäter – *(Er tritt zur Tür, um hinauszugehen.)*

JOSHUA *(hebt die Hand)*. Warten Sie!

Dudas bleibt im Türrahmen stehen.

AGNES. Bist du in Ordnung, Isabel?

ISABEL *(schwach).* Ja. Geht gleich wieder.

JOSHUA. Wir tragen dich zu dem Stuhl da. *(Er weist mit dem Kopf auf den nächstgelegenen Sitz. Zu Agnes:)* Komm!

Agnes und Joshua heben die Erschöpfte auf die Beine. Die anderen machen Platz, als Isabel, gestützt von Agnes und Joshua, vorsichtig zum Stuhl hinübergeht und sich dort niedersetzt. Fielder und Friederike nehmen Joshuas Initiative zur Kenntnis, tauschen dabei wortlos Blicke aus.

AGNES *(zu Isabel, die sich in totaler Müdigkeit angelehnt hat).* Bist du wirklich in Ordnung? *(Isabel nickt mit geschlossenen Augen.)* Du hast ihn also nicht gefunden.

ISABEL *(reißt die Augen auf; mit neuer Energie).* Doch! Doch!

Während Agnes und Gabriele sich verdutzt anblicken, setzt eine Lautsprecherdurchsage ein, in der die Passagiere gebeten werden, sich nach draußen zum Flugsteig zu begeben. Die englischsprachige Ansage ist jedoch nur dank mehrfacher Wiederholung zu verstehen:

(LAUTSPRECHERSTIMME). Passengers for flight to Ji-nan are now requested to enter the gate. Passengers for flight to Ji-nan ...

Das Bühnenlicht wird während der Wiederholungen schwächer und schwächer. Fielder, Friederike und Robert verlassen den Warteraum durch die Ausgangstür links.

Dabei vergisst Fielder seine Geschenkeinkäufe; sie bleiben auf dem Stuhl an der linken Wand liegen.

Als das Bühnenlicht erloschen ist, wiederholt die Lautsprecherstimme ein letztes Mal den Aufruf:

(LAUTSPRECHERSTIMME). Passengers for flight to ...

Vierter Akt.

Das Bühnenbild zeigt den Innenraum eines als Geschäftsreisejet ausgelegten kleinen, einfachen Verkehrsflugzeugs. Die Zuschauer blicken von der Seite auf diesen Raum, rechtwinklig zur Flugrichtung.

Der Passagierraum ist aufgeteilt in eine kleine Kabine (links) und eine größere Kabine (rechts). Die beiden Kabinen sind durch eine dünne Zwischenwand getrennt, die in der Mitte (für den Mittelgang) eine Durchgangsöffnung hat. Der Mittelgang erstreckt sich auf der Bühne von links ('hinten' im Flugzeug) nach rechts ('vorn' im Flugzeug).

In der rechten Kabine sind entlang des Mittelgangs zwei Sitzreihen angeordnet. Hier sitzen sich die Passagiere gegenüber, ihre Rücken sind jeweils dem Flugzeugrumpf zugewandt. Jede der beiden Sitzreihen hat vier Plätze. Weitere zwei Sitze sind direkt an der Zwischenwand, links und rechts des Mittelgangs, in Flugrichtung.

In der linken Kabine befinden sich zwei Arbeitstischchen mit jeweils zwei Sitzen: der eine Sitz in Flugrichtung, der andere in Gegenflugrichtung. Die linke Kabine ist Raucherbereich, die rechte Kabine ist Nichtraucherbereich.

Seitlich der Bühnenfläche wird der Passagierraum von je einer Tür begrenzt: Die linke Tür unterbricht den Weg nach hinten zum Frachtraum und nach draußen, die rechte Tür verschließt vorne den Zugang zum Cockpit.

Als der Vorhang sich öffnet, haben die acht Reisenden, die im dritten Akt aufgetreten sind, gerade Platz genom-

men. Sie äußern untereinander ihre Verwunderung darüber, dass sie in einem so kleinen Flugzeug befördert werden. Sie machen sich mit den Sitzen vertraut, verstauen ihr Handgepäck, orientieren sich an den Gegebenheiten. Die mit einem Rock mit Orchideenmuster bekleidete chinesische Stewardess geht im Gang auf und ab und ist ihnen behilflich.

Alle acht Passagiere haben in der rechten Kabine Platz genommen: Links, mit dem Rücken zur Zwischenwand, sitzen dort Dudas und Joshua; mit Blick zum Publikum sitzen (von links nach rechts) Gabriele, Isabel, Friederike und Fielder; in der Reihe gegenüber sind die mittleren beiden Plätze frei, mit dem Rücken zum Publikum sitzen Agnes (links) sowie Robert (ganz rechts).

Zwischen dem Geschehen im dritten und vierten Akt sind nur wenige Minuten vergangen. Zwar hat der Flug von Kanton nach Jinan noch nicht begonnen, doch laufen die Motoren des Flugzeugs schon und verursachen ein leichtes Brummen und Vibrieren.

Die Hintergrundgeräusche des Fluges in diesem vierten Akt werden andere sein als beim Flug im zweiten Akt: Es handelt sich hier um ein Propellerflugzeug! Neben den Fluggeräuschen sind weitere Belastungen durch die Enge und die Hitze im Passagierraum gegeben.

Nun schreitet die Stewardess nach rechts in Richtung Cockpit, um sich zur Sicherheitsbelehrung vor die Passagiere zu stellen. Fast gleichzeitig werden die Hintergrundgeräusche lauter – das Flugzeug beginnt zu rollen. Gleich darauf wird die Hintertür geöffnet, und es tritt Jim Fischer in die linke Kabine ein! Er schließt die Tür sofort wieder, blickt sich hastig und verstohlen um und nimmt dann in der linken hinteren Ecke (in Flugrichtung) am

Tischchen Platz. Er legt seinen Aktenkoffer auf seine Knie, lockert schwitzend seine Krawatte, lehnt sich dann zurück und schließt die Augen. Er wirkt geschlagen, erschöpft, als sei er vor irgendetwas davongelaufen. Die anderen Passagiere und auch die Stewardess haben ihn nicht bemerkt.

STEWARDESS *(mit kokettem Lächeln, ziemlich leiser Stimme und dem starken Akzent einer Asiatin).* Verehrte Fluggäste, ich möchte Sie alle sehr herzlich begrüßen. Die Volksrepublik China –

ROBERT *(unterbricht sie laut und barsch)* . Warum fliegen wir mit dieser Kaffeemühle? *(Die Stewardess blickt ihn irritiert an.)* Mit dieser Zigarre? Die ist doch bestimmt schon hundertmal abgestürzt?

STEWARDESS *(vermittelnd).* Die Partei möchte, dass die Besucher der Volksrepublik China alle Vorzüge genießen. Indem die Fluggesellschaft ihren ausländischen Gästen ein eigenes Flugzeug bereitstellt, drückt sie ihre Sympathie aus.

DUDAS. Damit ist alles geklärt. Die Regierung will so verhindern, dass die chinesischen Bürger während des Fluges mit Ausländern ins Gespräch kommen.

GABRIELE. Wie schrecklich doch die Mächtigen sind.

ROBERT. Unter Mao hätte es das nicht gegeben.

DUDAS. Mao war keinen Deut besser als Deng.

ROBERT. Mao war wenigstens ein großer Denker. *(Dudas winkt ab.)*

STEWARDESS *(eilig).* Meine Damen und Herren! Bevor der Flug startet, möchte ich Ihnen einige Sicherheitsinstruktionen geben. *(Ihre Stimme ist so leise,* *dass sie von den Nebengeräuschen fast übertönt wird.)* Bitte bleiben Sie während Start und Landung angeschnallt auf Ihren Plätzen sitzen. Rauchen Sie nur im hinteren Bereich des Flugzeugs.

FIELDER *(mit besonders kräftiger Stimme).* Geht's auch etwas lauter, bitte? *(Er lächelt die überforderte Frau an.)*

STEWARDESS *(klammert sich an ihr Konzept).* Sollte der unwahrscheinliche Fall eines Druckverlustes in der Kabine eintreten, werden über Ihren Plätzen automatisch Sauerstoffmasken herabfallen. *(Sie hält eine solche Sauerstoffmaske für die Passagiere gut sichtbar in die Höhe.)*

AGNES *(beugt sich zu der schräg gegenüber sitzenden Isabel vor und flüstert).* Wo hast du ihn denn gefunden?

STEWARDESS. Pressen Sie sich die Maske so ans Gesicht, dass Mund und Nase bedeckt sind, und atmen Sie ruhig weiter. *(Sie drückt die Maske routiniert gegen ihr eigenes Gesicht.)*

ISABEL *(beugt sich zu Agnes vor; angstvoll).* Ich habe ihn im Fernsehen erkannt.

AGNES *(verblüfft, deshalb unbeabsichtigt laut).* Im Fernsehen? *(Joshua bremst Agnes, indem er sie an der Schulter berührt. Agnes blickt ihn an; dann, zurück zu Isabel:)* Isabel –

Agnes bemerkt, dass die Stewardess auf sie aufmerksam geworden ist. Daraufhin lehnt sie sich zurück. Isabel will noch etwas zu Agnes sagen, fängt jedoch stattdessen zu schluchzen an. Gabriele bemüht sich dezent, sie zu beruhigen.

STEWARDESS *(mittlerweile verunsichert, sucht nach dem auswendig gelernten Text)*. Im Fall... im Fall einer Notlandung legen Sie vor dem Aufsetzen den Oberkörper auf die Oberschenkel und umklammern Sie die Beine mit den Armen.

FIELDER *(der diese Übung ausführt)*. So? *(Sein Kopf ist zwischen den Knien eingeklemmt. Friederike kichert.)*

STEWARDESS. Ja. – Unter Ihren Sitzen sind Schwimmwesten angebracht. Sie... – *(Sie stockt, hat den Text vergessen.)* – Bitte machen Sie sich mit ihrer Handhabung vertraut.

ROBERT *(zu Fielder; laut)*. Wie schätzt du unsere Chancen ein, überm Meer abzustürzen?

FIELDER *(unernst abwägend)*. Zehn Prozent. *(die Achseln zuckend:)* Ich kenne den Piloten nicht.

ROBERT *(zur Stewardess)*. Fliegen wir übers Gelbe Meer?

STEWARDESS *(scheu und leise, fast flüsternd)*. Nein. Es ist nur Vorschrift, Sie auch über die Schwimmwesten zu informieren.

ROBERT *(laut)*. Bitte?

STEWARDESS *(ihn von nun an ignorierend)*. Bitte hören Sie in einem Notfall auf die Anweisungen des Kapitäns. Benutzen Sie bei Evakuierung des Flugzeugs beide Ausgänge. Weitere Informationen lesen Sie auf einem Merkblatt, das sich in der Tasche unter Ihrem Sitz befindet. Wir bitten Sie, es während des Fluges einmal durchzulesen. *(jetzt wieder lächelnd:)* Verehrte Fluggäste! Wir wünschen Ihnen nun eine angenehme

Reise. Bitte wenden Sie sich an mich, wenn Sie noch Fragen oder Wünsche haben.

FIELDER *(flirtend)*. Haben Sie heute Abend schon was vor?

Die Stewardess errötet, senkt ihren Kopf, geht an Fielder vorbei. Die Geräusche der Motoren werden nun laut; das Flugzeug beschleunigt und hebt nach einigen Sekunden ab. Alle Passagiere pressen sich fest gegen die Lehnen ihrer Sitze, bis die Beschleunigungsphase beendet ist. Bald bilden die Fluggeräusche einen monotonen, nicht zu lauten Hintergrund, an den man sich rasch gewöhnt.

Die Stewardess hat nochmals prüfende Blicke auf die Gurte der Passagiere geworfen und ist nach hinten gegangen. Dort hat sie Jim Fischer entdeckt. Nach einem ersten Moment des Erstaunens sorgt sie dafür, dass er ordnungsgemäß angeschnallt ist.

Als die Steigphase überstanden ist:

AGNES *(ungeduldig)*. Isabel – was ist denn geschehen? Bist du denn nicht in Gongwu gewesen?

GABRIELE *(die bemerkt, dass Isabel noch nicht in der Lage ist zu sprechen)*. Lassen Sie ihr noch Zeit, Agnes.

DUDAS *(zu den Frauen)*. Sie war nicht in Gongwu. Als ich sie heute früh am Bahnhof aufgelesen habe, war sie zwar besessen von der Idee, auf eigene Faust zu reisen. Ich habe sie darauf hingewiesen, dass sie als Ausländerin ohne vorherige Anmeldung beim Lü-Hsing-she-Büro unmöglich einfach frei durchs Land ziehen kann. Vermutlich würde sie aber keine offizielle Genehmigung erhalten.

GABRIELE. Und dann haben Sie die junge Frau zum Flughafen bringen lassen.

DUDAS. Sie hat darauf bestanden. Auf einmal wollte sie unbedingt nach Jinan weiterfliegen. *(Er macht eine kurze Pause. Dann, zweifelnd:)* Sie meint, unter den Dissidenten, die dort heute verurteilt werden, sei ein Bekannter von ihr.

AGNES *(erschrocken)*. Nein! – Isabel – ... *(Sie springt fast auf.)*

DUDAS *(flüsternd zu Gabriele)*. Das Kind *(Isabel)* macht einen sehr ruhebedürftigen Eindruck auf mich.

AGNES *(drängend)*. Ist das wahr, Isabel?

ISABEL *(überfordert)*. Ich weiß es nicht.

DUDAS. Das chinesische Fernsehen hat in den Abendnachrichten dreißig Minuten eigens für die Ausstrahlung von Fahndungsfotos und für Propagandazwecke reserviert. Die Führer der Studentengewerkschaften werden den Zuschauern zur Treibjagd empfohlen. Die Gesuchten werden von Nachbarn oder selbst von der eigenen Schwester verraten und verhaftet. Man führt sie im Fernsehen vor, immer wieder, man leuchtet ihre Gesichter grell aus. Sie werden geschlagen, und bewaffnete Posten beugen mit hartem Griff ihre Nacken in eine demütige Haltung. So will die Führung in Peking das Volk einschüchtern und die Freiheitsbewegung brechen.

ISABEL. Ja. *(zu Agnes:)* Das Fernsehen zeigt Steckbriefe mit Stimmproben und Erkennungsmerkmalen von Studenten, die an den Demonstrationen teilgenommen haben. Und einer davon ist der, den ich auch suche.

AGNES. – dein Freund Louis. Es ist erschreckend. Haben sie ihn denn gefasst? Wird er tatsächlich nach Jinan gebracht?

ISABEL *(verzweifelt)*. Das weiß ich doch nicht. *(Sie beginnt von vorn zu erzählen:)* Der Taxifahrer hat mich gestern falsch verstanden und mitten in der Innenstadt von Kanton abgesetzt. Dort bin ich herumgeirrt und habe niemanden gefunden, der meine Sprache spricht. Auf einmal habe ich vorm Schaufenster eines Elektroladens gestanden: Dort war ein Fernsehapparat ausgestellt, in dem ein Schwarz-Weiß-Porträt meines Freundes flimmerte.

AGNES. Und du bist dir ganz sicher, dass er es war?

ISABEL *(nachdrücklich)*. Aber ja! Ich bin sofort in den Laden gestürmt, da standen noch mehr Fernseher. Auf fünf Bildschirmen gleichzeitig habe ich meinen Freund gesehen. Ich habe sogar seine Stimme gehört – aus fünf Lautsprecherboxen. *(plötzlich aufgebracht:)* Die haben ihn vorgeführt wie in einer Verbrecherkartei!

GABRIELE. Was haben Sie sonst noch über ihn herausgefunden?

ISABEL. Nichts. Ich habe ja nichts verstanden. – Doch, eines: Er heißt nicht Louis. Er heißt LIU WANBAO. Der Name wurde zehnmal wiederholt.

AGNES *(grübelnd)*. Wenn er jetzt verfolgt wird, dann muss er bis vor zwei Wochen in China gewesen sein und die Demokratiebewegung unterstützt haben.

ISABEL *(lebhaft)*. Weißt du, was ich vermute? – Dass er in Heidelberg in der Mediathek die Fernsehbilder nicht bloß aus Interesse angesehen hat. Sondern dass er *sich selbst* auf den Aufnahmen vom Vierten Juni gesucht hat. Er wollte wissen, ob er von den chinesischen Verfolgungsbehörden anhand der Videoaufnahmen identifiziert werden kann!

AGNES. Du meinst, er hat in Peking an den Demonstrationen teilgenommen?

ISABEL. Ja, bestimmt. Und irgendwie haben sie es herausbekommen.

AGNES. Aber warum sollte er zurückkehren nach China, wenn ihm schon die Flucht nach Deutschland gelungen war?

ISABEL. Er hat mir doch gesagt: "Ich kann nicht fernbleiben." Und er hat es ja nicht ahnen können, dass jetzt öffentlich nach ihm gefahndet wird. *(verliebt:)* Du, Agnes. Ich bin so stolz auf Liu.

DUDAS. Sie sagen, ihm sei nach dem Vierten Juni die Flucht aus diesem Land gelungen, und er sei wieder zurückgekehrt?

ISABEL *(fest)*. Ja.

DUDAS *(lacht auf)*. Das kann nicht sein. Das wäre Selbstmord. Nein, Sie machen in Ihrer Vorstellung einen Heroen aus diesem Menschen.

GABRIELE *(die sich an Dudas' Überheblichkeit stört)*. Das kann er doch sein auch ohne dass er nach China zurückgekehrt ist.

ISABEL. Aber er muss hier sein! Dort, wo ich herkomme, habe ich ihn doch gesucht! Wenn er dort noch wäre, in Heidelberg, dann hätte ich ihn auch gefunden.

DUDAS *(nüchtern)*. Er mag nach Amerika geflogen sein.

ISABEL. Das ist unmöglich. Dann wären wir ja in *entgegen gesetzte* Richtungen geflogen.

ROBERT *(schmunzelnd)*. Zehntausend Kilometer in die falsche Richtung.

Agnes wirft Robert von der Seite einen bösen Blick zu.

DUDAS. Andererseits wäre denkbar, dass dieser Liu Wanbao versucht hat, vom Ausland her über Telefax in China die Informationen der freien Presse zu verbreiten... Es ist zu bedenken, dass seit gut einer Woche all diese Telefax-Anschlüsse tot sind.

ISABEL *(diese Theorie dankbar aufgreifend)*. Ja! Vielleicht hat er aus diesem Grund zurückkehren müssen, um aktiv bleiben zu können.

AGNES. Und *wenn* nun dein Freund schon geschnappt worden wäre, – wenn er unter den Verurteilten in Jinan wäre – *(eindringlich:)* Was könntest du tun?

ISABEL *(in die Enge gedrängt; verzweifelt ausrufend)*. Ihr fragt mich alle, fragt mich: wer, und was, und wie. Was soll ich denn antworten? – Ich weiß es nicht! Ich weiß es nicht! – Wenn Liu gefangen ist und hingerichtet wird – ich werde einfach schreien! *(Sie bricht in Tränen aus.)*

DUDAS. Das wird wenig Eindruck auf die Oligarchen machen.

AGNES *(zu Isabel, sanft)*. Du hast die Nacht wieder am Bahnhof verbracht?

ISABEL *(kleinlaut)*. Ja. Erst wollte ich doch weiter nach Gongwu, weil Liu damit rechnen kann, dass ich dorthin komme. Wenn er fühlt wie ich, und denkt wie ich, dann erwartet er mich dort. Aber ich wusste nicht, was ich machen sollte; schließlich muss er sich ja jetzt versteckt halten, oder er ist schon gefangen. Ich war so hilflos. Heute früh kam dann Herr Dudas und sagte, ich dürfe sowieso nicht ohne Erlaubnis in abgelegene Dörfer fahren. Und er hat von den Verurteilungen in Jinan berichtet, und ich erinnerte mich, dass Ihr alle dorthin weiterfliegt.

AGNES *(tröstend)*. Wenigstens sind wir jetzt wieder beisammen.

ISABEL. Ach Agnes, ich verstehe überhaupt nicht mehr, wie mir geschieht.

JOSHUA *(unpersönlich, fast unbeabsichtigt)*. Das Gefühl kenne ich. Damit sind Sie nicht allein.

Isabel blickt Joshua lange an. Sie überlegt intensiv, woher sie ihn kennt.

In die Ruhe hinein springt plötzlich Fielder auf; seine Augen sind erschrocken ins Leere gerichtet.

FRIEDERIKE. Ist was, Fielder?

FIELDER. Ich hab' die Einkäufe im Flughafen liegenlassen. Die Geschenke.

ROBERT. Mach' dir nichts draus. Das Zeug war ja nichts wert.

Fielder macht Anstalten, die Tür zum Cockpit zu öffnen, lässt dies dann aber sein. Er bleibt kurz unschlüssig stehen. Schließlich bewegt er sich desorientiert in die linke Kabine.

FIELDER *(sehr ärgerlich)*. Es waren ganz persönliche Geschenke. *(Robert prustet heraus.)*

Fielder entdeckt in der linken Kabine Jim Fischer. Daraufhin geht er rasch an seinen Platz zurück und setzt sich wieder.

FIELDER *(zu den anderen; ruhig)*. Hinten sitzt der Fischer. *(Die anderen blicken ihn ungläubig an.)* Doch!

Dudas beugt sich zur Seite und lauert durch die Durchgangsöffnung nach hinten.

DUDAS. Es ist wahr.

FIELDER. Sag' ich doch!

GABRIELE *(zu Dudas)*. Was da wohl geschehen ist?

Dudas weiß keine Antwort. Er steht auf, ohne Eile, geht nach hinten durch und bleibt an Fischers Tischchen stehen. Fischer blickt ihn müde an.

DUDAS. Sie gestatten? *(Er nimmt gegenüber Fischer Platz. Vorsichtig:)* Nun – konnten Sie Ihre Mission erfüllen?

FISCHER *(schnell)*. Wäre ich dann hier?

Fischer zieht sich wieder zurück, will offensichtlich nicht reden. Dudas akzeptiert dies, bleibt aber sitzen.

ISABEL *(zu Joshua, nachdem sie ihn lange angestarrt hat)*. Ich kenne Sie. Und jetzt weiß ich auch woher. Aus dem amerikanischen Fernsehen. Sie haben morgens eine Sendung gehabt.

Agnes und Gabriele blicken interessiert und überrascht auf. Joshua blickt Isabel entgegen.

ISABEL. Sie haben Sonntag morgens um zehn in kurzen Episoden die Werke zeitgenössischer Kunst vorgestellt. Ja, ich erinnere mich gut. *(etwas wehmütig:)* Meine Mutter und ich, wir haben beim Frühstücken immer den Fernseher angemacht, um Ihre Sendung zu sehen. Wir haben Cornflakes gegessen und Ihre hintergründigen Matineen verfolgt.

Agnes blickt Joshua fragend an. Joshua nickt bestätigend.

ISABEL. Sie waren immer so witzig. Sie haben manche dieser komplizierten Kunstwerke entlarvt. Sie haben Interviews mit solchen bierernsten Künstlerphilosophen geführt und ihnen dabei nach wenigen Worten die Verkrampfung aus dem Gesicht gelöst. – Meine Mutter und ich, wir haben damals gelernt, die Welt viel einfacher zu sehen, und angefangen, über uns selbst zu lachen. Wir haben uns jeden Sonntag aufs Frühstück gefreut, wenn wir dabei Ihre Sendung sehen konnten.

JOSHUA *(nachdenklich).* Das ist Jahre her. *(zu Agnes:)* Ich hatte es fast vergessen.

ISABEL. Und dann hat mich meine Mutter mitgenommen zur Eröffnung des 'Gartens der Kontinente'. War das ein Trubel damals im Central Park! Wir haben Sie gesehen, Sie saßen auf einem Podium und durften Ihre eigene Arbeit erklären.

JOSHUA. Erklären? – Angegriffen wurde ich! Im Garten der Kontinente floss das Bachwasser über amerikanisches Gestein und weiter über Gestein, das wir aus meiner russischen Heimat importiert hatten. Manche New Yorker kamen damit nicht zurecht. Sie machten daraus ein Politikum: Sie wollten keinen sowjetischen Boden im Park installiert haben. Wie einfältig und fantasielos! Man muss doch nicht alles in einen politischen oder geostrategischen Kontext stellen! – Ich wollte mit künstlerischen Mitteln die Kontinente miteinander verbinden. Und ganz einfach darstellen, dass das Wasser keine politischen Grenzen kennt. Es fließt, wo sich die Wege ergeben.

AGNES. Und du hattest noch größere Pläne mit diesem Garten?

JOSHUA. Für mich war das Projekt so nicht fertig. Ich wollte den Bach weiterfließen lassen über grünen chinesischen Granit und einen Wasserfall hin zu einem 'See der Sinne'.

GABRIELE *(begeistert)*. Ich habe Kontakte nach Kamerun. Vielleicht hätten wir Ihnen afrikanischen Basalt liefern können! Hätten Sie den mit eingearbeitet, dann wären Sie dem Ideal eines 'Eine-Welt-Gartens' ganz nahe gekommen!

JOSHUA *(ernüchtert)*. Es hat nicht gereicht. Es gab unter kleinkarierten Patrioten starke Tendenzen, den Garten sogar zurückzubauen zu einem 'Nordamerika-Biotop'.

ISABEL. Jedenfalls spazierte anderntags meine Mutter mit mir durch diesen Garten, und wir fühlten uns wie in einem Traum: auf einer ruhigen und friedvollen Insel.

JOSHUA *(lächelt)*. Ist das wahr?

In diesem Moment tritt die Stewardess von hinten (also durch die Tür am linken Rand der Bühne) wieder in den Passagierraum ein. Auf einem Tablett trägt sie neun Tassen Tee sowie neun bunte, gefüllte Papiertütchen, die sie an die Fluggäste verteilt. Danach geht sie wieder durch die linke Kabine davon.

FRIEDERIKE *(zu Fielder)*. Was ist das?

FIELDER *(öffnet sein Tütchen)*. Sweeties. Süßigkeiten.

Fischer und Dudas haben in der linken Kabine vom Gespräch der anderen nichts mitbekommen. Fischer lacht nach langem Schweigen düster auf.

FISCHER. Ich habe keine Eile mehr. Ich habe auf einmal so verdammt viel Zeit. So verdammt viel Zeit.

DUDAS *(tastet sich heran).* Entweder sind Sie zu spät eingetroffen, und die Geschäftsführung in Hongkong ist schon selbst aktiv geworden, oder... *(ahnungsvoll:)* wird Ihre Firma doch in Hongkong bleiben?

FISCHER *(nickt bitter).* Die Zentrale in Europa hat beschlossen, die Produktion in Asien linientreu weiterzuführen. Ich habe im Hotel ein Fax erhalten. *(noch bitterer:)* Ein Fax, um mir mitzuteilen, dass ich abkömmlich geworden bin!

DUDAS. Sie haben hier ein Fax erhalten? – Erstaunlich. Und Sie waren gar nicht in Hongkong?

FISCHER. Meiner Firma genügt zu hören, dass sich in China die Situation wieder normalisiere – und alles ist gut. Nur ein Gerücht, und alles ist gut.

DUDAS. Schenkt man den amtlichen Zeitungen Glauben, dann braucht man sich keine Sorgen zu machen. Der Handel in China laufe normal, der Reformkurs werde fortgesetzt, die Politik der offenen Tür werde sogar verstärkt. – Und der "größte Markt der Welt" und die billigen Arbeitskräfte des Landes sind für die ausländischen Unternehmen zu verlockend. Ja, wo kommerzielle Interessen im Spiel sind, haben moralische Skrupel bisweilen nur eine geringe Lebensdauer.

FISCHER. Meine Firma hört nur, was sie gerade hören will. – "Strafzölle und Handelssanktionen sind nicht mehr unmittelbar zu befürchten."

DUDAS. Es ist wie so oft: Die westlichen Regierungen bringen ihren Protest lediglich dadurch zum Ausdruck, dass sie die Lieferung von Militärgütern vorübergehend einstellen. Ein Handelsboykott gehört zum Repertoire der Drohungen, wird aber nie konsequent durchgesetzt.

FISCHER *(sich weiter Luft verschaffend)*. Der Vorstand teilt mit: "Aus einem Land von der Größe und dem Potenzial Chinas können wir uns nicht einfach zurückziehen. Wenn wir das täten, würden wir diesen Teil des Weltmarkts den Japanern überlassen. Fünf Jahre Investitionen schreibt man nicht einfach ab." – *(aufbrausend:)* So lavieren sich westeuropäische Geschäftsführer durch die Krise!

DUDAS *(überlegen)*. Ich begrüße, dass Ihre Firma an Hongkong festhält; die zugrundeliegenden Motive aber missbillige ich.

FISCHER *(ungehalten)*. Ach, dieses ewige Taktieren! – Hongkongs Immobilien haben über zwanzig Prozent an Wert verloren, der Kurswert der Hongkonger Börse ist um ein Viertel zurückgegangen, und die Weltbank hat für China vorbereitete Projektkredite in Höhe von drei Viertel Milliarden Dollar auf unbestimmte Zeit vertagt. – Muss man da noch taktieren? Noch abwägen? Ist da nicht klar, was zu tun ist? – *(Er resigniert:)* Ich höre auf zu denken. Dann gibt es nichts mehr, was ich nicht verstehe. *(Es platzt nochmals die Wut aus ihm heraus:)* Entweder sind die blind, oder – ... *(Er schluckt.)* oder sie wollten mich abschieben... *(Er gerät schwer ins Grübeln.)*.

DUDAS *(nach kurzem Abwarten)*. Warum fliegen Sie nun nach Jinan?

FISCHER *(müde)*. Wie bitte?

DUDAS. Warum haben Sie diesen Flug gewählt, und nicht gleich einen Rückflug nach Europa?

FISCHER *(ohne nachzudenken)*. Was soll ich in Europa?

DUDAS. Ich vermutete nur... Sie würden sich mit Ihrer Firmenleitung aussprechen wollen?

FISCHER *(laut)*. Alles nochmal von vorn? Mit diesen Wirtschaftstrotteln? *(rundumschlagend:)* Was diese Firma seit Jahren täglich für einen Mist produziert... – eigentlich ist es ein Wunder, dass ich überhaupt noch denken kann! Herrschaften, warum müssen die höchsten Positionen einer Firma immer mit solchen ahnungslosen Bürohockern besetzt sein? Denen die Mikroökonomie genauso rätselhaft ist wie die Makroökonomie?

DUDAS *(ruhig, zufrieden)*. Es wäre überstürzt, sich zum jetzigen Zeitpunkt aus Hongkong zurückzuziehen. Ja, vielmehr muss man gerade jetzt Hongkong den Rücken stärken...

FISCHER *(aggressiv)*. Wie oft haben Sie mir das schon erzählt! – Wer Hongkong stärkt, stärkt zugleich Peking. Wollen Sie das nie verstehen?

DUDAS. Nein. Wer Hongkong stärkt, stärkt die Demokratiebewegung in China.

FISCHER. Ach, ich pfeife drauf! *(Er schüttelt ausgiebig den Kopf.)* Es gibt genug Märkte auf der Welt. Wir können in Afrika investieren. Oder in Südamerika. Wir brauchen China nicht, und Hongkong nicht. Chinesen sind Schwächlinge. Duckmäuser.

DUDAS. Umso erstaunlicher, dass Sie hier im Land bleiben und mit uns nach Jinan fliegen.

FISCHER *(nach einer Schweigepause)*. Was ist das für eine Stadt: Jinan?

DUDAS. Es ist eine uninteressante Stadt. Ein armes, konturloses, höchst langweiliges Ballungsgebiet ohne jegliche Sehenswürdigkeit. Eine Stadt am Huáng Hé.

FISCHER. Einem Berg?

DUDAS *(leicht amüsiert)*. Nein, einem Fluss. Dem 'Gelben Fluss'.

FISCHER *(nickt müde und abfällig)*. Gelb. Mit Drachen. Ich verstehe.

Jim Fischer bemerkt, dass die Stewardess einen Blick in die Kabine wirft. Er winkt sie zu sich und verlangt flüsternd ein alkoholisches Getränk, was sie ihm verweigert. Daraufhin versucht er, ihr einen großen Geldschein zuzustecken. Sie weist dies schroff zurück, wirkt empfindlich getroffen. Fischer flucht, die Stewardess entfernt sich.

Nun öffnet Fischer seinen Aktenkoffer und holt eine grüne Schnapsflasche mit rot-weißem Etikett hervor: Baijiu. Aus dieser Pulle nimmt er einen kräftigen Schluck. Er steckt sich ein Zigarillo an, bietet dann auch Dudas von seinem Schnaps an. Dieser lehnt ab und beginnt Pfeife zu rauchen.

Unterdessen setzt sich das Gespräch in der rechten Kabine fort.

ISABEL *(nachdenklich)*. Ich habe mir manches überlegt, was hier passieren kann. Aber darauf wäre ich nie gekommen: dass Louis in Wirklichkeit Liu Wanbao heißt, und dass außer mir auch noch der chinesische

Geheimdienst hinter ihm her ist. *(bange:)* Vielleicht hat er gerade jetzt sehr viele Freundinnen.

AGNES. Aber gewiss keine, die ihm um die halbe Erdkugel nachreist.

ISABEL *(seufzend)*. Ach Agnes; wenn er mich nur brauchen könnte. *(intensiv:)* Agnes, bitte erzähl' mir vom Gelben Fluss!

AGNES. Was willst du hören?

ISABEL. Etwas Schönes. – Ist er tatsächlich gelb?

AGNES. Er durchfließt auf seinem Weg durch die Wüste Gobi und das nordchinesische Tiefland steile Löss-Schluchten. Der gelbe Löss verursacht seine Farbe.

GABRIELE. Man hat ihn den "Kummer Chinas" genannt, weil er mit seinen gelben Lössfluten oft die Dämme durchbrochen und verheerende Überschwemmungen verursacht hat.

AGNES. Aber diese Überschwemmungen, sie haben sich meistens als fruchtbar für das Land erwiesen.

GABRIELE. Ein Strom, der Trauer und doch auch neues Leben, neue Kraft bringt.

AGNES. Ein Strom, der den Menschen in seine Schranken weist und ihn Demut lehrt.

JOSHUA *(reflektierend)*. 'Demut' – dort, wo wir herkommen, hört man dieses Wort nicht mehr. Es ist üblich, seine Ansprüche kompromisslos und laut geltend zu machen: Nur dann findet man Gehör.

AGNES *und* **GABRIELE** *(gleichzeitig!)*. Auch ein leiser Mensch kann gehört werden.

JOSHUA *(in sich gesunken).* Viele von uns sind leer. Aber sie vertuschen es mit Gebrüll, bis sie es selbst nicht mehr bemerken.

DUDAS *(hat den letzten Teil des Gesprächs in der benachbarten Kabine mitgehört).* Der Mensch muss reden, wenn er etwas mitzuteilen hat. Er muss sich seiner Bedeutung bewusst sein und *(Er spricht laut, um sicherzugehen, dass jeder in der rechten Kabine ihn versteht:)* SO LAUT SPRECHEN, dass er gehört wird. Sonst erreicht er nichts.

Albert Dudas, immer noch Pfeife rauchend, hat sich erhoben, um in die rechte Kabine zurückzukehren und in die Diskussion einzugreifen. Mit seiner aufdringlichen, selbstüberzeugten Art hat er sich dort jedoch keine Sympathien geschaffen.

GABRIELE *(als Dudas über die Schwelle zwischen linker und rechter Kabine tritt).* Bitte, Herr Dudas, könnten Sie sich gleich entscheiden, ob Sie rauchen oder sich zu uns setzen wollen.

DUDAS. Hier gilt Rauchverbot?

ROBERT. Das könnten Sie als Vielflieger besser wissen als wir. Geraucht wird hinten.

DUDAS *(getroffen).* Dann verzeihen Sie mir, bitte. *(Er dreht sich um, geht an den Platz gegenüber Fischer zurück.)*

FISCHER *(der nun permanent trinkt und raucht; zu Dudas).* Sie haben Ihren Tee noch nicht ausgetrunken.

DUDAS *(nickt).* Wann werden Sie nach Europa zurückkehren?

FISCHER. Wollen Sie Ihren Tee nicht austrinken?

DUDAS. Ich muss gestehen, ich verstehe nicht, was Sie jetzt noch in China vorhaben.

FISCHER *(unter Alkoholeinfluss)*. Sehen Sie diese Tasse? *(Er greift sich seine leere Teetasse und hält sie in die Luft.)* Sie muss leer sein. Ausgeleert bis zum letzten Tropfen. *(Er schnauft.)* Erst wenn alles leer ist, hat man freien Blick. Solange die Tasse voll ist, können Sie nicht auf ihren Grund sehen. Ist die Tasse aber leer, dann sehen Sie alles. Dann ist auf einmal alles scharf, und klar, und... – es gibt kein Vertrauen mehr. *(Jetzt blickt er Dudas in die Augen und spricht laut:)* *Ich* bin diese Tasse. *Ich* bin leer. Verstehen Sie? – Ich werde nach China geschickt, um dort durch eine schriftliche Note zu erfahren, dass ich überflüssig bin. Und jetzt fragen Sie mich, wann ich zurückkehre? *(Er nimmt einen weiteren Schluck aus seiner Pulle.)* Ich werde kündigen. Mich kümmert die Firma nicht mehr. *(Er blickt einsam durch ein Fenster aus dem Flugzeug hinaus.)*

Joshua hat zuletzt intensiv nachgedacht. An seinen Fingern, seinem Gesicht und seiner Körperspannung hat man ihm ansehen können, wie er einen kurzen Kampf mit sich selbst führte. Während er sich im Folgenden mit Dudas auseinandersetzt, sitzt er mit dem Rücken an der Zwischenwand aufrecht, fast bewegungslos, und blickt starr in Flugrichtung. Dudas, der auf der anderen Seite der Zwischenwand sitzt, dreht sich nicht um; er blickt in Gegenflugrichtung, über den trinkenden Fischer hinweg. Der Dialog wird durch die Durchgangsöffnung der Wand geführt. Dudas' kräftige Stimme dominiert anfangs gegenüber der ruhigen Stimme Joshuas.

JOSHUA. Herr Dudas?

DUDAS. Ja?

JOSHUA. Sind Sie Journalist oder Schriftsteller?

DUDAS. Ich bin sowohl Journalist als auch Schriftsteller.

JOSHUA. Was schreiben Sie?

DUDAS. Ich berichte über den Entwicklungsstand fremder Länder, und über die Lage der Menschen dort.

JOSHUA. Kennen Sie die Menschen?

DUDAS. Ich lerne sie durch meine Reisen kennen.

JOSHUA. Hatten Sie gelegentlich auch Zweifel am Sinn und Wert Ihrer Arbeit? Sind Sie sich schon einmal überflüssig vorgekommen?

DUDAS. Soweit ich zurückdenken kann, besaß ich stets genügend Leser und Publikum. *(Er wirft einen fast mitleidigen Blick auf Fischer.)* Nein, ich bin mir nie überflüssig vorgekommen. *(Er wundert sich mittlerweile über die ungewöhnlichen Fragen.)*

JOSHUA. Sie sind 'erfolgreich', nicht?

DUDAS. Meine Bücher sind Bestseller.

JOSHUA. Wo werden sie gekauft?

DUDAS. In Europa. Und in Amerika.

JOSHUA. In Asien nicht? In China?

DUDAS. Ich veröffentliche hier nicht. Ich möchte die Informationen dort publizieren, wo die hiesige Welt fern ist.

JOSHUA. Ist das Journalismus?

DUDAS. Gewiss.

JOSHUA. Was beabsichtigen Sie?

DUDAS. Was die Europäer und die Amerikaner brennend interessiert, ist doch: Werden sich die jungen Männer und Frauen Chinas neu formieren? Werden sie sich besser organisieren? Werden sie mit durchdachteren, konkreteren, lauteren Forderungen an die Greise des Politbüros treten? Oder werden sie sich ducken und schweigen? – Ich werde diese Fragen klären.

JOSHUA. Ist das eine wichtige Aufgabe? Sind Sie wichtig?

DUDAS. Nie war es wichtiger, aus China zu berichten, als heute. Doch selten war es für Journalisten unangenehmer, sich hier aufzuhalten. Viele sind in diesen Tagen geflohen, wenige zurückgekehrt. Mich treibt eine wichtige und verantwortungsvolle, wenn auch gefährliche Verpflichtung.

JOSHUA (*nach einer kurzen Pause; nun mit stärkerer Stimme*). Der von Ihnen praktizierte Journalismus zielt dorthin, wo er Ihr persönliches Ansehen steigert: nach dem Westen. Dort, wo Sie wirklich etwas bewirken könnten, nämlich in China selbst, schweigen Sie. Zwar ist unbestritten, dass das Ausland mit Informationen über die Vorgänge hier versorgt werden muss –

GABRIELE. – wir im Westen hören ganz *gerne* von den jüngsten Ereignissen in China; so können wir den moralischen Zeigefinger von unserer Zivilisation ablenken und nach Osten richten!

JOSHUA. – aber gerade auch die betroffene Bevölkerung müsste objektiv aufgeklärt werden, statt ständig einer Gehirnwäsche ausgesetzt zu sein. Wäre es nicht wichtiger und vordringlicher, die Wahrheit *in China selbst* zu verbreiten?

DUDAS *(kalt)*. Sie sehen am Beispiel dieses Liu Wanbao, wozu das führt.

GABRIELE. Joshua hat recht. Journalismus braucht Mut. Und Mut haben Sie bislang nicht erkennen lassen, Herr Dudas. – Warum haben Sie gestern bei der Flughafenbehörde angegeben, Sie seien Rentner und auf der Urlaubsreise? – Verzeihen Sie, aber wir messen Sie an Ihren eigenen Ansprüchen.

DUDAS. Hätte ich meinen Journalistenausweis gezeigt, müsste ich damit rechnen, dass meine Arbeit massiv behindert wird. – Wenn ich sehe, dass ein waghalsiger Tod nichts helfen kann, dann ziehe ich vor, am Leben zu bleiben.

ISABEL *(fest)*. Ich glaube, dass der Mut der chinesischen Studenten, die nun hingerichtet werden, nicht vergebens ist.

DUDAS. *(kleinlaut)*. Als junger Mann habe ich meinen Mut oft bewiesen.

ROBERT *(lapidar)*. Aber Sie sind dafür nicht hingerichtet worden.

GABRIELE. Es geht nicht darum, seinen Mut unter Beweis zu stellen. Es geht um Aufrichtigkeit.

Dudas antwortet nicht mehr. Es entsteht eine Stille, in der nur monotone Fluggeräusche zu vernehmen sind. Vor allem Joshua zieht sich wieder tief zurück und grübelt.

Nach einer Weile:

FISCHER *(mit klaren Anzeichen von Betrunkenheit)*. Sollen die nur jammern. *(Dudas blickt schwach auf.)* Sollen die jammern und betteln, wenn sie mich wieder brauchen. Aber ich werde meinen Kopf nicht mehr hinhalten für sie. Ich bin für niemanden mehr da. Ich bin frei.

Ihm entgleitet sein glühendes Zigarillo aus den Fingern. Trotz feinmotorischer Schwierigkeiten gelingt es ihm, den Stängel auf dem Boden auszutreten. Anschließend bietet er Dudas abermals seinen Reisschnaps an.

DUDAS *(angewidert; erstmalig die Beherrschung verlierend).* Lassen Sie doch die Trinkerei, Mann!

FISCHER *(ungerührt; eindeutig betrunken).* Wenn Sie erst einmal den Duft der Freiheit gerochen haben... – Es ist wie Morgenfrische, verstehen Sie mich?

DUDAS *(mit Verachtung).* Freiheit!

Nun nimmt Joshua das Gespräch mit Dudas wieder auf. Seine Bereitschaft zum Diskurs wird immer stärker. Längst übertrifft Joshuas Stimme die des anderen an Sicherheit. Nach wie vor sind die beiden Gesprächspartner nicht um Blickkontakt bemüht.

JOSHUA. Herr Dudas?

DUDAS *(zuerst unwillig; gekränkt).* Ja?

JOSHUA. Nehmen wir an, ein Mensch hat zu viel gelesen, zu viel gehört, zu viel gesehen, als dass er glauben könnte, dem noch etwas hinzufügen zu können.

DUDAS. Worauf wollen Sie hinaus?

JOSHUA. Können Sie sich jemanden vorstellen, der nicht reden, nicht schreiben will, weil schon zu viel mit Worten gesagt ist? – Einen, der genug hat von Diskussionen, Meinungen, Wortstreitereien?

DUDAS. Der Mensch darf niemals still werden. Sonst ist er tot.

JOSHUA. Es gibt auch andere Ausdrucksformen als die Sprache.

DUDAS. Keine ist so präzise wie die Sprache. Und letzten Endes ist keine so mächtig wie das Wort.

JOSHUA. Stellen Sie sich einen Menschen vor, der seine Sprache verlernt hat und sich lange zurückgezogen hat. Der dann allmählich erkennt, dass er doch nicht unnütz ist, sondern eine Aufgabe hat in der Gesellschaft.

DUDAS. Dann soll er reden und sagen, was er mitzuteilen hat.

JOSHUA. Es braucht nicht nur das Wort. Die Sehnsucht des Menschen wird nicht durch Berichte, Bewertungen, Erklärungen oder Kommentare gestillt.

DUDAS. Was will er denn ausdrücken, wenn er nicht reden will? Was will er denn anderes darstellen als diese reale Welt, so grausam und instabil sie gegenwärtig auch ist?

JOSHUA. Der Mensch braucht mehr: Licht und Farbe. Raum und Form. Wasser und Wärme.

AGNES. Klang und Poesie. Idee und Fantasie...

JOSHUA. Quellen der Ruhe. Orte der Zuflucht und Inspiration...

Joshua hat inzwischen seine Brille abgenommen und hält sie vorerst in der Hand. Während er nach Worten sucht, wirkt Dudas benommen und schweigt.

JOSHUA. Ich glaube, Herr Dudas, zu Beginn dieser Reise habe ich Sie beneidet. Um Ihre Bücher, die anscheinend die Realität beschreiben. Und um Ihr Publikum, das Ihre Bücher kritisch liest und versteht. Um Ihre Arbeit, die unverzichtbar schien. Sie wirkten zupackend, selbstsicher und unbeirrbar. *(Er schüttelt den Kopf.)* Nein, auch Sie stehen hier nicht auf festem Grund. Sie sind, wie alles, voller Widersprüche. Aus der Verunsicherung des chinesischen Volkes schöpfen Sie Ihre persönliche Sicherheit.

DUDAS. Was wollen Sie eigentlich? In welchen Sphären schweben Sie denn? Träumen Sie von einem Guru, der die Welt retten kann?

JOSHUA. Keineswegs. Ich denke an einen einfachen Künstler. Auch seine Werke sind nicht ohne Widersprüche. Aber er strebt nach Ausdrucksformen, die leicht und klar, natürlich und aufrichtig sind.

DUDAS. Warum sollte ein solcher 'Künstler' aufrichtiger sein als ein Schriftsteller, als ich beispielsweise? – Verzeihen Sie, ich kann mir keinen vorstellen, dem sein Prestige und Profit gleichgültig sind. Obendrein neigen die modernen bildenden Künstler dazu, ihr Publikum zum Narren zu halten. – Kürzlich sah ich eine Assemblage aus bemaltem Glas, ratterndem Elektromotor, blinkender Glühbirne und Stoffhose, betitelt mit "The Sunday Painter". Was soll man davon halten?

JOSHUA. Ich kann nicht für andere Künstler sprechen.

DUDAS. Von wem sprechen Sie denn eigentlich die ganze Zeit?

JOSHUA. Von einem Bildhauer, der befremdet war von der Perspektive, aus der die Leute seine Werke betrachteten. Einem, der sich störte am überhitzten Markt und an den abgehobenen Debatten in seinem Umfeld. Einem, der schließlich zweifelte, dass die

Leute etwas Gutes, Echtes an seiner Arbeit finden konnten.

DUDAS *(spöttisch).* Ein Ideal von einem Künstler. Ich warte auf den Tag, an dem ich diesem einsamen Spinner begegne.

Joshua reagiert mit Gelassenheit. Er lächelt. Als er Agnes in die Augen blickt, beginnt auch diese zu lächeln. Dann setzt er seine Brille wieder auf. Jetzt erhebt sich Isabel sehr energisch von ihrem Platz und tritt entschlossen auf die linke Kabine zu, wird aber von Joshua zurückgehalten.

JOSHUA. Was haben Sie vor?

ISABEL *(wütend).* Ich will ihm die Meinung sagen. Er hat Ihnen gemein wehgetan. Er weiß nicht, mit wem er spricht.

JOSHUA *(gelassen).* Lassen Sie. Nein, es tut mir nicht weh.

ISABEL. Aber er hat kein Gefühl. Und zwar nicht nur gegenüber Ihnen. Von den chinesischen Studenten spricht er wie von Kindern. Meinem Freund Liu Wanbao will er nichts zugestehen. Er setzt ihn herab, ohne ihn im Geringsten zu kennen!

Dudas hat Isabels heftige Worte gehört und ist aufgestanden. An der Schwelle zwischen den beiden Kabinen steht er nun der jungen Frau gegenüber. Auch Joshua hält es nicht mehr auf seinem Platz.

DUDAS *(in seiner überlegenen, herablassenden Art; zu Isabel).* Meine Dame, Sie verhalten sich wie die jungen chinesischen Intellektuellen. Sie haben eine Idee, einen Wunsch, der im Ansatz nachvollziehbar und verständlich ist. Ihr großer Fehler aber ist, dass Sie blind werden von dieser Vision; dass Sie ihr indisponiert, ohne ausreichende Vorkehrung und Organisation nachlaufen. Sehen Sie doch endlich ein, dass dieser Liu Wanbao – sofern er überhaupt existiert – sich nicht hier in China aufhält. Sehen Sie doch endlich ein, dass in dieser komplizierten Wirklichkeit kein Raum für naive Träumerei ist. Sehen Sie doch, was für Millionen Chinesen unausweichlich war: Auf die Euphorie folgte erst die Katastrophe, dann das große Jammern. Was nun bleibt, ist die kollektive Resignation, aus der in dieser Generation nichts mehr sprossen wird.

Isabel klammert sich fassungslos an Joshuas Körper. Nun springt auch Gabriele auf.

GABRIELE *(vehement).* Dudas, Sie wissen *nichts* über China! Sie wissen nichts über diese jungen Männer und Frauen. Ihre Augen sehen nur, was sich geeignet in Ihre Berichte fügt. Was wir Europäer lesen wollen. Was uns die Illusion schenkt, besser zu sein.

Die Pause nun, in der Albert Dudas nach Luft schnappt und Gabriele Menck sich wieder zusammennimmt, nutzt Robert aus, um sich gleichfalls zu erheben, vor der Tür zum Cockpit aufzustellen und eine Praktik der Stewardessen im China der Sechziger Jahre nachzuahmen:

ROBERT. Verehrte Mitreisenden! Ich möchte diesem Augenblick zunehmender Hitzigkeit begegnen, indem ich Ihnen ein paar Gedanken Mao Tsetungs vortrage. *(Er zieht rasch ein Papier aus seiner Hosentasche hervor und beginnt feierlich abzulesen:)* "Lasst hundert Blumen blühen, lasst hundert Gedankenschulen miteinander wetteifern – "

Er stockt, da eben auch Agnes aufgestanden und schweigend auf ihn zugegangen ist. Sie scheint erst entschlossen, ihm die Geschmacklosigkeit mit einer Ohrfeige zu quittieren, belässt es dann aber bei einem eindringlichen, verächtlichen Blick direkt in seine Augen.

ROBERT *(entschuldigend die Arme hebend).* Schon gut, schon gut.

Agnes kehrt wortlos an ihren Platz zurück.

ROBERT *(zu Friederike).* Freddy, hier gibt es Stress, und wenn ich nichts zur Schlichtung beitragen kann, dann gehe ich jetzt. Kommst du mit?

FRIEDERIKE. Quatschkopf! Wo willst du hin?

ROBERT *(weist mit dem Finger den Gang nach hinten).* Eine rauchen gehen. – Was ist?

FRIEDERIKE. Gut, ich komme mit.

ROBERT. Fielder?

FIELDER. Ich bleib' hier.

Robert und Friederike drängen sich an Gabriele, Joshua, Isabel und Dudas vorbei in die linke Kabine. Robert entschuldigt sich unernst und übertrieben bei denen, die er zur Seite drückt. In der Raucherkabine stellen sich die beiden ans Ende des Gangs, neben Jim Fischer, der immer träger wird. Robert packt Zigaretten aus und zündet sie an.

Die Stehenden in der Nichtraucherkabine haben sich stumm angeblickt und gehen nun wieder auseinander. Gabriele, Isabel, Agnes und Joshua setzen sich so, dass das Publikum sie gut sehen kann; Joshua wählt den Platz zwischen Agnes und Isabel. Dudas kehrt angeschlagen in die linke Kabine zurück.

ROBERT *(zu Fischer herab, dessen Rauchqualm nach oben steigt)*. Na, Manager – wie viel haben Sie für das Opium bezahlt?

DUDAS. Lassen Sie ihn. Er hat eine schwere berufliche Enttäuschung erfahren. Er ist ausgelaugt und leer.

ROBERT *(triumphal)*. Leer? – Ich sehe einen Vollen. Voll bis Oberkante Unterlippe ist der!

FRIEDERIKE *(auskostend)*. Von ihm hätten wir das am allerwenigsten erwartet.

ROBERT. Wir sollten ein Auge auf ihn werfen, damit er keine Dummheiten macht. Ein Lebensmüder im Flugzeug –

FRIEDERIKE. Obacht! Sieh doch, wie er seinen Aktenkoffer umklammert!

ROBERT. Ja, Vorsicht ist geboten.

Robert entreißt plötzlich dem Betrunkenen den Koffer, wirft einen raschen Blick hinein, legt ihn zurück auf Fischers Schoß. Fischer schlägt mit der Hand nach Robert, trifft freilich nur ins Leere. Er wirkt phlegmatisch. Kurz danach versinkt er in Schlaf.

ROBERT. Keine Angst, Freddy. Da ist nur nutzloses Papier drin. Und Spiritus.

DUDAS *(dem der Kragen platzt)*. Zum letzten Mal: Unterlassen Sie Ihr Gespött! Setzen Sie sich da hin. *(Er zeigt auf die freien Plätze am zweiten Tischchen.)*

ROBERT. Danke, wir stehen lieber. *(frech:)* Übrigens, Chef: Immer mit der Ruhe.

Klein beigebend lässt sich Dudas gegenüber Fischer nieder. Er wirkt sehr mitgenommen. Lange reibt er sich die Stirn.

FRIEDERIKE *(zu Robert)*. Jetzt noch drei Stunden.

ROBERT. Und dann?

FRIEDERIKE. Na – dann tauche ich im Huáng Hé!

ROBERT *(nachdenklich)*. Ja, so hatten wir das angekündigt.

FRIEDERIKE. Was ist los?

ROBERT. Nichts.

FRIEDERIKE *(etwas angespannt)*. Die Hinrichtungen in Jinan machen uns doch nichts aus, oder?

ROBERT *(betont gelassen)*. Die sind doch dort alle mit sich selbst beschäftigt. Wir ziehen unser Ding durch und halten uns aus der Politik raus.

In der rechten Kabine durchbricht Gabriele das nachdenkliche Schweigen:

GABRIELE. Es hat mich beeindruckt, was Sie vorhin gesagt haben, Joshua.

AGNES. Es war großartig! Mir scheint, du hast jetzt doch wieder Gefallen gefunden am kontroversen Kulturgespräch!

ISABEL. Sie müssen weiter machen! Sie laufen wieder zu großer Form auf! Meine Mom in New Jersey wartet schon lange auf neue Folgen Ihrer Matinee am Sonntagmorgen. Ich frage mich, was sich die Intendanten im amerikanischen Fernsehen dabei gedacht haben, als sie Ihre Sendung abgesetzt haben!

JOSHUA *(leicht amüsiert)*. Ich selbst habe die Reihe beendet. Die Scheinwerfer im Fernsehstudio und das ganze Drumherum... – Es war mir zu grell geworden.

ISABEL. Trotzdem. Sie müssen weiter machen. Mein Gott, was wird meine Mom sagen, wenn sie erfährt, dass ich Ihnen hier begegnet bin.

Alle vier beginnen gelöst zu lachen. Joshua legt sogar seinen Arm um Isabel und drückt sie an sich.

ISABEL. Oh my God! Wenn sie das erfährt!

Nach ein paar Sekunden der Ausgelassenheit:

GABRIELE. Was tut Ihre Mutter in New Jersey, Isabel?

ISABEL. Nun, sie lebt dort! – Sie führt einen kleinen Gemischtwarenladen. *(etwas traurig:)* Sie wartet auf meinen Vater; dass er aus Europa zurückkehrt.

GABRIELE. Auch ich habe einen 'Gemischtwarenladen' geführt. Und ich habe eine Tochter, die in Ihrem Alter ist, Isabel.

ISABEL. Oh. Hoffentlich bereitet die Ihnen nicht so viele Sorgen wie ich meiner Mutter. *(Gabriele lächelt.)* Wenn nur meine Mutter auch diese Stärke hätte, so wie Sie einfach aufzubrechen und etwas Neues zu wagen.

GABRIELE *(nachdrücklich)*. Dieser Schritt ist mir nicht leicht gefallen. Ich vermisse meine Familie.

ISABEL. Aber ich habe große Achtung vor Ihnen. Wenn ich an meine Mutter denke... sie sitzt allein zuhause, oder in ihrem engen kleinen Laden an der Southern Street. Sie wartet auf meinen Vater. Aber der wird nicht zurückkehren. – Wissen Sie, sie wird älter...

GABRIELE. Ich verstehe gut. Ja, viele Menschen, gerade Frauen in mittleren Jahren neigen dazu, passiv zu werden. Und ich habe gespürt, dass das auch die Kinder belastet.

ISABEL *(angetan).* Wenn das nur auch meine Mutter so sehen würde. Sie müsste sich ändern. Sie müsste ihr Leben nochmals in die Hand nehmen. Dann würde sie auch verstehen, was ich hier tue. *(persönlich:)* Frau Menck – können *Sie* nachvollziehen, weshalb ich nach China geflogen bin? – Es ist, ich meine, wir Frauen sollten nie auf irgendetwas warten. Wir müssen aufbrechen, ausreißen, durchstarten, ganz gleich ob wir jung oder älter sind.

GABRIELE. Ich bin ganz bei Ihnen.

ISABEL *(den Ton wechselnd – leise).* Meinen Sie, ich werde Liu in Jinan finden?

GABRIELE *(zögernd).* Ich weiß es nicht. Aber Sie sollten auch darauf gefasst sein, dass es anders kommt.

Isabel senkt ihren Blick auf den Boden nieder. Agnes packt aus ihrer Tasche die Packung Kekse vom dritten Akt aus.

AGNES. Habt ihr etwas Hunger? – Isabel, möchtest du einen Keks? *(Isabel schüttelt den Kopf.)* Frau Menck?

GABRIELE. Gerne. *(Sie greift sich einen Keks.)*

JOSHUA. Ja.

AGNES. Fielder?

FIELDER. Oh, vielen Dank.

ISABEL. Wann sind wir in Jinan?

AGNES. Es mag vielleicht noch eine halbe Stunde dauern.

ISABEL *(dreht sich um und schaut durch ein Fenster)*. Überall weiße Wolken. Aber unter uns China.

GABRIELE *(zu Isabel)*. Sie sollten auch etwas essen. Sie sind sehr blass.

ISABEL. Ich weiß. Aber ich habe keinen Appetit.

AGNES. Hast du gestern Abend etwas gegessen?

ISABEL. Es war keine Gelegenheit.

AGNES. Und heute Morgen?

ISABEL. Nein.

Robert und Friederike haben in der linken Kabine – stehend – ihre Zigaretten zu Ende geraucht.

FRIEDERIKE. Ist alles in Ordnung mit dir, Robert?

ROBERT. Ja, alles klar.

FRIEDERIKE *(vertraulich)*. Meinst du, wir sollen es wirklich tun?

ROBERT. Wo willst du denn 'runterspringen?

FRIEDERIKE. Wo ein Fluss ist, gibt es auch Brücken.

ROBERT. Du kannst doch nicht einfach wo 'runterspringen, ohne Ahnung, wie tief das Wasser ist, und wie stark die Strömung!

FRIEDERIKE *(plötzlich ungehalten)*. Robert, was soll das jetzt? Du wolltest dich doch um alles kümmern! – Auf einmal tust du so, als ob es dich nichts anginge?

ROBERT *(nach kurzem Grübeln)*. Baby, reg' dich wieder ab. Überlass' das alles mir; ich bring's noch rechtzeitig in Erfahrung. – *(ablenkend:)* Hab' ich eigentlich schon ein Foto von dir gemacht hier oben?

FRIEDERIKE *(widerwillig)*. Nein.

ROBERT. Dann warte hier. Mach dich locker und frei. Ich komme gleich wieder.

Er dreht ab, geht den Mittelgang durch zu Fielder. Der knabbert an Agnes' Keksen.

ROBERT *(zu Fielder)*. Gib' mir mal die Kamera, Fielder.

FIELDER *(nebenbei)*. Ist in der Tasche.

ROBERT *(sieht sich um)*. In welcher Tasche? *(ungeduldig:)* Los, Fielder! Den Foto! – Verarsch' mich nicht!

FIELDER *(während er nach der Tasche sucht, plötzlich)*. Sakrament! – Das ist eine der Taschen, die ich in Kanton hab' liegenlassen!

ROBERT. Waaas? *(unbeherrscht:)* Hast du 'nen Stich? Wir brauchen das Ding doch! – Kannst du mir sagen, was wir in Jinan machen sollen ohne die Kamera? Hm? Wird's bald?

FIELDER *(wählt angesichts des Unheils die 'gleichgültige Reaktion')*. So wichtig kann sie doch wohl nicht sein.

ROBERT *(verpasst ihm einen Stoß)*. Ohne Kamera brauchen wir es erst gar nicht zu machen. Ohne Kamera bekommen wir kein verwertbares Material. Da können wir gleich wieder zurückfliegen nach Europa. *(Er ruft zu Friederike:)* Kannst dich wieder anziehen, Freddy. Alles erledigt. Schluss, aus.

FRIEDERIKE. Was ist los auf einmal?

FIELDER *(zu Robert)*. Du kannst in Jinan eine Kamera kaufen.

ROBERT *(überlegt kurz, schreitet dann zu Dudas hinüber und schnauzt ihn an)*. Kann man in Jinan 'ne Kamera kaufen?

DUDAS. Das bezweifle ich. Und ich kann Sie nur warnen vor der Dummheit, die Sie dort vorhaben.

ROBERT *(dreht sich ab)*. Behalten Sie Ihre Ratschläge für Ihre Bücher. – *(wutentbrannt:)* Na Fielder; alles klar jetzt, ja?

FIELDER. Reg' dich doch nicht so auf. *(Robert winkt nur noch ab.)*

FRIEDERIKE. Warum soll es nicht auch ohne Fotos gehen?

ROBERT. Soll ich die Szene etwa malen? – Ich lach' mich scheckig! Malen kann man alles, das ist doch keine Kunst!

FRIEDERIKE. Dass wir mit solchen Fotos irgendwo einen Kuchen gewinnen, war doch eh nur ein Hirngespinst von dir.

ROBERT. Doch, wir hätten mit solchen Fotos abkassieren können. Aber das ist nicht alles. *(suchend:)* Ohne Fotos, das wäre, als ob wir... – als ob du es nicht getan hättest. Als ob es nur in unserer Fantasie stattgefunden hätte. Wir könnten ebenso gut zuhause geblieben sein. Oder am Rio de la Plata, oder am Bosporus gelandet sein.

FRIEDERIKE. Aber *wir* wissen doch, was wir tun und getan haben. – Um wen geht es dir eigentlich?

ROBERT. Es geht um dein Versprechen. Aber du weißt genau, dass wir Fotos machen wollten. Die zuhause, die nicht mitkommen konnten, die warten auf Fotos. Die sind *heiß* auf Fotos, verstehst du?

FIELDER *(spaßig)*. Wenn Freddy nackt springen würde, dann ginge ihr Foto durch die internationale Presse, und das Marketing liefe von alleine.

ROBERT *(laut)*. Schnauze, Mann! Nackte Frauen stehen an jeder Ecke. Eine nackte Frau ist heutzutage keine Randnotiz wert. *(eingeschnappt:)* Nein, Schluss. Die Sache ist abgeblasen. Freddy wird nicht springen.

FIELDER. Und was sollen wir dann am Gelben Fluss?

ROBERT. Hineinschiffen. Ich hab's dir heute Morgen gesagt. Wir schiffen auf die ganze kranke Nummer!

AGNES *(empört)*. Ihr benehmt euch wie Kinder! Es ist jetzt wirklich genug!

Robert schüttelt uneinsichtig den Kopf, stößt zornig seinen Fuß gegen einen Sitz. Er geht in die linke Kabine, wirft sich dort auf einen der beiden freien Plätze am zweiten Tischchen und blickt schmollend durch ein Fenster hinaus (in Richtung Publikum). Friederike setzt sich ihm gegenüber an das Tischchen, versucht erfolglos den Verärgerten umzustimmen:

FRIEDERIKE. Nun sei nicht so angefressen... Vielleicht treffen wir jemanden, der uns kurz eine Polaroid leiht...

Robert schnaubt abfällig. In der Zwischenzeit ist Fielder aufgestanden, um in seiner Reisetasche zu wühlen.

FIELDER *(an die Frauen gerichtet)*. Immerhin habe ich das Radio gerettet.

AGNES *(spöttisch)*. Den Weltempfänger? Hast du den nicht in Kanton gelassen?

FIELDER *(packt das Gerät aus)*. Nein. – Er hat nur hundertfünfzig Yuan gekostet.

GABRIELE. Wissen wir.

Fielder nimmt wieder Platz, stellt das Radio auf seine Knie. Er schaltet es ein. Man hört Rauschen. Er dreht lange am Senderknopf, durchsucht alle Frequenzbereiche, empfängt zunächst nur völlig verrauschte oder krächzende Programme. Irgendwann blickt er auf.

FIELDER *(naiv)*. Stört euch das?

Joshua, Gabriele, Agnes und Isabel antworten mit eindeutigem Schweigen. Dann tritt die Stewardess von hinten (also von links) in den Passagierraum, um die Teetassen wegzuräumen. Sie bleibt abrupt stehen, als sie Fielder mit dem Weltempfänger spielen sieht.

STEWARDESS *(unsicher)*. Was tun Sie da?

FIELDER *(ruhig)*. Ich empfange nichts.

STEWARDESS. Es ist den Fluggästen untersagt, im Flugzeug Rundfunkgeräte zu benutzen.

FIELDER *(ohne das Rauschen abzustellen)*. Warum?

STEWARDESS. Es könnte die Navigation stören.

FIELDER. Mir scheint, dass vielmehr die Navigation meinen Empfang stört.

ROBERT *(von seinem Platz in der linken Kabine aus, ohne seinen Blick vom Fenster abzuwenden; in lautem Befehlston)*. Mach' den Kasten aus, Fielder!

FIELDER *(dreht trotzig am Senderknopf weiter).* Aber ich kann doch nicht hinnehmen, dass das Ding nicht funktioniert.

ROBERT. Du musst einsehen, dass dich *jeder* übers Ohr haut, Fielder.

FIELDER. Bei dem Preis kann man nicht von "übers Ohr hauen" reden.

Dudas, plötzlich hellwach, springt nun unvermittelt auf und dreht sich der rechten Kabine zu.

DUDAS *(dramatisch).* Moment! – Wo haben Sie das gekauft?

ROBERT *(gelassen).* Auf dem Schwarzmarkt.

DUDAS. Wo?

FIELDER. Im Flughafen Kanton.

DUDAS. Innerhalb des Sicherheitsbereichs?

FIELDER. Jawohl. Hundertfünfzig Yuan. Duty free.

DUDAS *(panisch).* Sind Sie von Sinnen? – Sie könnten eine Bombe an Bord gebracht haben!

FIELDER *(trocken).* Sind die hier so billig?

ROBERT. Mach' das Ding aus, Fielder. Und lass' heute nichts mehr von dir hören.

STEWARDESS. Bitte schalten Sie das Gerät sofort ab, Sir.

Fielder hat den Senderknopf weitergedreht und zufällig so positioniert, dass verrauscht ein chinesischsprachiges Programm zu hören ist. Seit wenigen Sekunden ist in dieser Einstellung – sehr undeutlich – eine männliche Stimme zu vernehmen.

FIELDER *(verärgert).* Ihr könnt mich mal. *(Er schaltet das Radio aus.)*

Vier, fünf Sekunden vergehen, in denen die Stewardess und Dudas erleichtert durchatmen. Da, plötzlich, kreischt Isabel auf:

ISABEL. Halt! Mach' es nochmal an, bitte!

FIELDER. Wieso denn?

Alle starren auf Isabel, die fast irr wird.

ISABEL *(flehend).* Sofort! Bitte!

Sie springt zum Radio hin. Fielder schaltet es schulterzuckend wieder an. Isabel kniet im Gang nieder, schiebt ein Ohr ganz nahe an den Lautsprecher des Radios. Sie scheint mehr zu hören als die anderen: mehr als die verrauschte Männerstimme.

ISABEL. Es ist Liu Wanbao! *(Sie horcht. Dann, zu den anderen:)* Hört Ihr ihn? *(Ihr Gesicht strahlt und spiegelt gleichzeitig ängstliche Erregung wider. Zur Stewardess:)* Hören Sie ihn? – Bitte, was sagt er? Können Sie es übersetzen?

STEWARDESS *(lauschend).* Ich kann ihn nicht verstehen. Es ist zu schwach.

ISABEL *(zu Fielder).* Kannst du's lauter machen? Bitte!

Fielder dreht lauter, aber die Stimme bleibt im Rauschen verhüllt. Alle lauschen. Schließlich wird die Männerstimme von einer Frauenstimme abgelöst. Die Frauenstimme spricht nur wenige Worte, dann folgt Musik. Isabel steht wie geistesabwesend auf. Fielder schaltet das Radio aus.

ISABEL *(zur Stewardess).* Was haben Sie verstanden?

STEWARDESS *(unsicher, ob sie das sagen darf)*. Es war ein Dissident. Er hat aus Washington gesprochen.

ISABEL *(fassungslos)*. Was? – Das ist doch unmöglich.

STEWARDESS. Ich konnte die Sprecherin verstehen. Es war kein Programm unserer Volksrepublik, sondern eine kapitalistische Sendung.

ISABEL. Was haben Sie sonst noch verstanden?

STEWARDESS. Es tut mir leid: sonst nichts.

Isabel wirkt verstört.

AGNES. Komm, Isabel. Setz' dich zu uns her.

ISABEL *(setzt sich)*. Ihr habt ihn doch eben auch gehört, nicht? – Er kann doch jetzt nicht in den Staaten sein!

Agnes und Gabriele bemühen sich, beschwichtigend auf Isabel einzuwirken. Derweil sammelt die Stewardess die Teetassen ein und bringt sie nach hinten in die Bordküche.

Isabel aber lässt sich nicht beruhigen. Sie steht wieder auf und geht im Gang auf und ab.

ISABEL: Es ist so eng hier oben. *(Sie deutet auf die umschließenden Flugzeugwände, wehrt sich mit verzweifelter Geste gegen die Enge des Raumes.)* Ihr habt ihn doch gehört. *(Sie schluckt.)* Er hat eine so angenehme Stimme.

Die Stewardess ist wieder in den Passagierraum zurückgekehrt.

STEWARDESS. Verehrte Gäste! Die Landung in Jinan steht kurz bevor. Ich möchte Sie deshalb bitten, sich anzuschnallen und das Rauchen einzustellen. *(zu Isabel:)* Bitte nehmen Sie Platz.

ISABEL *(verwirrt)*. Wir sind schon am Gelben Fluss?

STEWARDESS. Wie bitte? – Ja, wir werden gleich landen.

AGNES. Komm hierher, Isabel.

ISABEL *(setzt sich)*. Ich glaubte, er wäre in Jinan... – Ihr lacht mich aus, nicht wahr? Seit Tagen lacht ihr mich aus?

AGNES. Nein, das tun wir nicht.

ISABEL. Wenn er nicht hier in China ist... *(nachdenklich:)* Die Hoffnung, ihn zu finden, hat mich stark gemacht. Ich bin ganz anders geworden in den letzten Tagen. Ich war aufgeregt, mutig, zwischendurch sogar eitel. Ich habe mich selbst *geliebt* in dem Gedanken, dass auch er mich sucht und alles unternimmt, mich zu finden, so wie ich damit beschäftigt bin, ihn zu suchen. *(verzweifelt zu Agnes:)* Wenn er jetzt tatsächlich in den USA ist, was soll ich dann hier in China?

FIELDER. Flieg' doch mit uns zurück. Wir bleiben nur bis morgen Abend.

AGNES *(ungläubig)*. Nur bis morgen Abend?

FIELDER. Ja. Weil Freddys Eltern glauben, wir machten nur vier Tage Zelturlaub an der Côte d'Azur.

AGNES. Du musst erst einmal schlafen, Isabel. Und essen.

ISABEL. Ich fühle mich so leer.

GABRIELE. Die Enttäuschung, die vorübergehende Leere – das verbindet uns doch mit den jungen Menschen hier in China. Es macht uns ihnen ähnlich.

AGNES *(leicht amüsiert)*. Wir werden alle zu Chinesen.

JOSHUA. Aber seht ihr, welche große Chance sich jetzt eröffnet? – Wir haben den Blick frei für das Wesentliche. Wir können von Grund auf etwas Neues aufbauen.

GABRIELE. Ja, eine bemerkenswerte Perspektive.

In der Nachbarkabine ist Jim Fischer aus seinem Rausch aufgewacht. Gabrieles letztes Wort hat er aufgeschnappt und nimmt es zum Anlass, laut lallend wohlbekannte Theorien zu wiederholen:

FISCHER. Perspektive! – Wo ist denn Perspektive in einem Land, das sich herabgewirtschaftet hat? In dem das Volk gescheitert ist im Aufstand gegen ein scheiterndes ideologisches System? Kann man überhaupt kläglicher scheitern?

JOSHUA *(ruft hinüber).* Gerade im Scheitern liegt eine große Chance. Das Scheitern auf der einen Ebene bietet die Freiheit auf einer anderen Ebene.

FISCHER *(mit höhnischem Lachen).* "Geschätzter Vorstand, verehrte Kollegen! Ich wünsche Ihnen für die Zukunft alles Gute und hoffe, dass Sie mit Ihrem Geschäftsmodell furchtbar scheitern werden!" – Haha.

JOSHUA. Fischer, was wollen Sie hier in China?

FISCHER *(betrunken).* Zusehen, wie der Karren immer tiefer in den Dreck sinkt!

GABRIELE. Sie sind in China geblieben, weil Sie hoffen, hier Genugtuung erfahren zu können.

Fischer will erst darauf antworten, schüttelt dann aber nur den Kopf. Erneut greift er nach seiner Schnapsflasche.

DUDAS. Ich warne Sie ein letztes Mal. Sie sollten wissen, dass Alkohol beim Sinkflug fatale Folgen haben kann.

Fischer reagiert nicht, sondern saugt aus der Schnapsflasche. Die Stewardess, die zuvor kontrolliert hat, ob die Passagiere angeschnallt sind, bleibt erst ratlos neben ihm stehen, dann verschwindet sie durch die hintere Tür.

ISABEL *(nachdenklich).* Ich spüre, dass wir schon sinken.

AGNES *(verständnisvoll).* Es zieht uns Menschen doch immer wieder nach unten. *(Isabel nickt.)*

GABRIELE *(in Gedanken).* Auch ich bin auf meinem Lebensweg manchem beeindruckenden Menschen begegnet, ohne ihn näher kennenlernen zu können. Bisweilen blieb ich zurück nur mit einem kurzen Eindruck und der vagen Hoffnung, ihn doch eines Tages wiederzusehen.

ISABEL *(geht darauf nicht ein; zu Agnes:).* Agnes? – Wie kannst du so ruhig sein, so ausgeglichen? Wie gelingt dir das?

AGNES *(nebensächlich).* Ach... man sollte immer versuchen, heiter zu bleiben. Man muss offen sein, die Dinge auf sich zukommen zu lassen. Will man etwas erzwingen, dann geht es schief.

ISABEL. Agnes, ich bewundere dich.

AGNES. Dafür gibt es keinen Grund. Wir sind doch alle auf der Suche. Nach Bestätigung, Freundschaft, Bescheidenheit. Nach dem richtigen Platz zur richtigen Zeit. Manche suchen Radau oder Abenteuer, manche suchen Ruhe oder Geborgenheit.

JOSHUA. Manche Suchenden begegnen sich auf engstem Raum.

ISABEL. Ich bin dankbar, euch begegnet zu sein.

AGNES *(wirkt gerührt)*. Mir geht es ebenso.

ISABEL *(ablenkend)*. Wie wieder die Ohren zufallen.

GABRIELE *(gutgelaunt)*. Ja. Möchten Sie ein Kaugummi?

ISABEL. Wenn Sie haben, gerne.

Gabriele reicht erst Isabel ein Kaugummi, dann Joshua, als dieser zu ihr blickt. Weiter dreht sie sich zu Fielder, der aber ihr Angebot mit einer Handbewegung ablehnt.

ISABEL. Frau Menck?

GABRIELE. Ja?

ISABEL. Müssen wir eigentlich unsere Uhren wieder umstellen?

GABRIELE. Nein. In China gilt nur eine Zeit.

ISABEL. Gut. Dann ist es jetzt... vierzehn Uhr und eine Viertelstunde?

GABRIELE. Bei mir ist vierzehn Uhr dreißig.

ISABEL *(nachdenklich)*. Dann ist jetzt halb acht in Mitteleuropa. Und halb zwei bei meiner Mutter in New Jersey. – Was tut Ihr Ehemann in dieser Stunde, Frau Menck? Wie mag er ohne Sie auskommen? Beschäftigt Sie das?

GABRIELE *(lächelnd)*. Ich weiß, was er tut: Er arbeitet. Er ist freier Architekt, er kann sich seine Aufträge selbst wählen... Ich weiß, er steht früh auf, frühstückt kaum, wird den ganzen Tag in seinem Büro verbringen und von sieben Tassen Kaffee zehren. Spät abends wird er heimkommen... –

ISABEL *(verstehend)*. – dann ist er genau wie mein Vater.

GABRIELE. Lebt Ihr Vater alleine?

ISABEL. Ja. Er ist Einzelgänger. *(traurig:)* Aber glücklich ist er damit nicht. *(Sie reckt plötzlich den Kopf empor:)* Wir haben die Wolken durchbrochen!

FIELDER. Seht ihr den Gelben Fluss?

ISABEL *(dreht sich zum Fenster hinter sich um)*. Nein. Du?

FIELDER. Nein.

ISABEL *(etwas enttäuscht)*. Es ist trübe.

GABRIELE. Das Wetter wird sich bessern.

FIELDER. Wenn doch nur Robert nicht so launisch wäre, und Friederike nicht so unflexibel. Ich würde gerne länger hier bleiben.

ISABEL *(aufgeregt)*. Da unten ist ein Fluss! *(Sie drückt ihren Zeigefinger gegen das Fenster.)* Agnes! *(Sie blickt zu ihrer Freundin, die jedoch träumerisch ihre Augen geschlossen hat.)*

FIELDER. Aber der ist nicht gelb.

GABRIELE *(lapidar)*. Er muss nicht signalgelb leuchten, um der Huáng Hé zu sein.

FIELDER *(schwermütig)*. Dass wir uns nicht mehr Zeit genommen haben.

ISABEL. In Kanton war es bei unserer Ankunft so schön gewesen.

Hinten tritt die Stewardess wieder in den Gang ein. Fischer greift nach ihrem Unterarm. Sein Gesicht ist bleich, seine Stimme brüchig: dem Mann ist inzwischen sterbensschlecht geworden.

FISCHER *(hauchend)*. Ist – ist der Kapitän wohlauf?

STEWARDESS *(kühl)*. Weshalb fragen Sie?

FISCHER. Er fliegt so... – so steil.

Robert wirft Fischer einen abfälligen, hämischen Blick zu.

STEWARDESS. Sie haben zuviel Alkohol getrunken.

FISCHER *(bettelnd)*. Aber nein ... Vielleicht ... Haben Sie nicht etwas für mich?

STEWARDESS *(gefühllos)*. Eine Tüte finden Sie unter Ihrem Sitz.

Robert dreht sich angewidert ab.

FISCHER. Nicht doch. Ich meine, etwas, das mir hilft. Ich brauche ein Medikament.

STEWARDESS. Wir landen sofort. *(Sie reißt sich los, geht weiter. Zu den Passagieren in der rechten Kabine:)* Ist alles in Ordnung?

GABRIELE. Ja. Besten Dank.

ISABEL *(kauend)*. Nur die Ohren. Aber es geht.

FIELDER *(zur Unzeit)*. Eine Auskunft, bitte. – Was gibt es für Sehenswürdigkeiten in Jinan?

STEWARDESS *(vor den Kopf gestoßen)*. Sehenswürdigkeiten? – Da... – vielleicht, da müssen Sie sich an die Stadtverwaltung wenden. *(Sie will weggehen.)*

FIELDER. Aber gibt es denn kein Touristenbüro?

STEWARDESS. Das – das glaube ich nicht. Aber Sie werden einen Reisebegleiter erhalten. *(eilig:)* Bitte entschuldigen Sie mich. *(Sie schreitet den Gang durch und verschwindet durch die Tür zum Cockpit.)*

Seitdem das Verkehrsflugzeug die Wolkenschicht durchbrochen hat, ist es dunkler im Passagierraum geworden. Stärker werdende Fluggeräusche deuten die bevorstehende Landung an.

GABRIELE. Gestern Abend, vor der Landung in Kanton, waren Sie so euphorisch gewesen, Isabel: in einer Hochstimmung.

ISABEL *(nachdenklich).* Ja, gestern. Hätte ich ahnen können, was mir bevorsteht? *(Sie blickt durch ein Fenster.)* Es ist wirklich sehr trüb im Augenblick. Es ist fast nichts zu erkennen.

JOSHUA. Schauen wir vorwärts und nehmen die neue Situation an.

FIELDER. Das sieht verdammt nach Monsun aus.

Das Flugzeug setzt holprig auf. Die Fluggäste werden durchgerüttelt. Fischer, kreidebleich, tastet nach der Tüte unter seinem Sitz. Als das Flugzeug unter ächzenden Motorgeräuschen verlangsamt wird, fällt die leere Schnapsflasche auf den Boden und kullert oder rutscht durch den gesamten Mittelgang nach vorn, bis sie gegen die Tür zum Cockpit stößt.

Es dauert nur einige Sekunden, dann ist das Flugzeug zum Stehen gekommen. Die Passagiere lehnen sich erleichtert zurück, lösen ihre Gurte.

ROBERT *(atmet zunächst tief durch)*. Diese elende Kaffeemühle.

Es vergeht etwas Zeit, in der sich eine ganz merkwürdige Stille im engen Passagierraum entfaltet. Die Passagiere bewegen sich nicht, scheinen jetzt die weite, ereignisreiche Reise zu reflektieren oder aufgrund der Zeitverschiebung von Müdigkeit übermannt zu werden. Dann öffnet sich die Cockpit-Tür, die Stewardess tritt heraus und geht durch den Mittelgang nach hinten.

STEWARDESS *(unsentimental, formell, eilig)*. Wir sind in Jinan. Sie können das Flugzeug sofort verlassen.

Sie öffnet die Tür zum Flugzeugheck und verschwindet dort. Man hört, wie sie eine weitere Tür (die Außentür) aufstößt. Draußen fegt ein Sturmwind über den Flugplatz von Jinan.

Als das Licht auf der Bühne ausgeht, sitzen die neun Passagiere noch immer auf ihren Plätzen.

Fünfter Akt.

Das Bühnenbild zeigt einen Raum im Gebäude am Flugplatz von Jinan, vierhundert Kilometer südlich von Peking. Im Vergleich zum Wartesaal des dritten Akts wirkt dieser Raum kleiner und noch bescheidener. Lediglich zwei einfache Holzstühle stehen willkürlich an der linken Wand, irgendwo steht ein Abfalleimer, ansonsten ist der Raum leer und schmucklos. In der Rückwand sind zwei schlichte Fenster, die offen stehen. Man kann durch sie hinausblicken zum Flugplatz; draußen plätschert ein wolkenbruchartiger Regen auf den Asphalt nieder. Die rechte Wand hat unten eine Öffnung von etwa einem Meter Höhe; durch diese Öffnung kann das Gepäck der angekommenen Reisenden von außen hereingeschoben werden.

Seit der Handlung im vierten Akt ist höchstens eine Viertelstunde vergangen. Es ist kurz vor fünfzehn Uhr Ortszeit am einundzwanzigsten Juni. Dudas, Fischer, Robert, Friederike, Joshua, Agnes, Isabel, Gabriele und Fielder – sie alle stehen wie verstreut in diesem primitiven, reduzierten Raum und blicken zur Wandöffnung hin, aus der sie ihr Gepäck erwarten. Fischer steht kraftlos und bleich als nächster bei der Wandöffnung, Dudas steht abseits links im Raum; Joshua und Agnes stehen ungefähr einen Schritt voneinander entfernt. Fielder hat seinen Weltempfänger neben seinen Füßen abgestellt.

Das Geräusch des Platzregens und die Kargheit des Raumes geben in den ersten Momenten dieses Aktes ein gedrücktes Stimmungsbild. Die Reisenden sind nass gewor-

den beim Gang vom Flugzeug zum Gebäude; sie wirken am Ziel der zweitägigen Reise allesamt matt und nachdenklich.

ROBERT *(unwichtig)*. Wir hätten unsere Koffer selbst ausladen sollen.

FRIEDERIKE. Warum?

ROBERT. Damit nicht noch mehr verloren geht. Obwohl das jetzt auch egal wäre.

FRIEDERIKE *(sauer)*. Du willst tatsächlich die ganze Aktion abblasen?

ROBERT *(zynisch)*. Ja. Bedank' dich bei Fielder.

FRIEDERIKE *(bäumt sich nochmals auf; wütend)*. Das darf nicht dein Ernst sein. Hast du vergessen, was uns diese Reise kostet? Wie lange ich jobben muss, um so viel Geld wieder 'reinzubekommen? Weißt du, dass ich vier Wochen gebraucht habe, um mich auf diese ganze Sache mental einzustellen?

ROBERT *(gelassen)*. Was regst du dich auf? – Noch heute Morgen hast du Bammel und Durchfall gehabt.

FRIEDERIKE. Spielt das denn etwa eine Rolle für dich? – Nein. *Ihr* beide habt mich gedrängt, ja unter Druck gesetzt, bis ich zugestimmt habe. Und jetzt auf einmal, jetzt wo wir da sind, jetzt kneifst du plötzlich, wegen so 'ner Kleinigkeit. *(scharf:)* Du, ich nehm's dir nicht ab, dass der Foto allein der Grund ist.

ROBERT. Du sagst, *wir* hätten dich unter Druck gesetzt? – Wessen Idee war denn das alles?

FRIEDERIKE. Als ich das gesagt habe, war es nur ein Jux. Nur so dahingesagt, und das weißt du genau.

ROBERT. Versprochen ist versprochen.

FRIEDERIKE. Ja gut: versprochen. Jetzt sind wir hier, jetzt kann ich das Versprechen einlösen. *Warum* geht das jetzt nicht?

ROBERT. Ich hab's dir erklärt. Du könntest es machen, aber ohne Fotos hätten wir keinerlei Material, das wir vermarkten könnten. Und ohne Fotos würde es uns auch keiner glauben, wenn wir zurück sind.

FRIEDERIKE. Ob es zuhause jemand glaubt oder nicht, das ist mir scheißegal, und dir ist es auch nicht so wichtig; ich kenne dich. Also: *Warum* soll ich nicht springen?

ROBERT *(geht nachdenklich an eines der Fenster)*. Schau mal selbst hier 'raus. Was siehst du?

FRIEDERIKE. Regen, na und? Der stört mich nicht. Das ist ein Schauer, der ist spätestens in einer Stunde vorbei.

ROBERT. Hast du schon mal davon gehört, dass so ein Regen einen Fluss in einen reißenden Strom verwandeln kann? Auch wenn bald wieder die Sonne scheint – bis der Strom sich wieder beruhigt hat, sind wir schon längst wieder auf dem Rückflug.

FRIEDERIKE. Dann sind wir umsonst hergeflogen? – *(bittend:)* Mensch, Robert, und wenn wir es sofort machen, im Regen, noch bevor sich das Wasser angesammelt hat –

ROBERT *(ruhig)*. Freddy, du bist 'ne dumme Gans.

FRIEDERIKE *(laut)*. Und du bist ein Feigling, ein Schwätzer. Ein Großmaul. Und schiebst es eher auf Fielder, als dass du es zugibst.

ROBERT *(hat die Hände in den Hosentaschen vergraben, den Kopf gesenkt)*. Du kannst mich nennen, wie du willst, Freddy. *(nach einer kurzen Pause:)* Die Leute sind hier nicht locker, die sind alle zu sehr mit sich selbst beschäftigt, mit ihren endlosen existenziellen Problemen. Das törnt mich nicht an, das gibt mir keinen Kick. Wenn ich Aktionskunst mache, brauche ich auch ein Publikum, das die Performance zu schätzen weiß.

FRIEDERIKE *(rauft sich die Haare)*. Oh Mann, was wollen wir hier, wenn nicht dieses eine!

ROBERT *(erstmals nachdenklich und besonnen)*. Eben das ist es: Was wollen wir hier, was verbindet uns mit diesem Land? – Nichts. Wir sind hierher geflogen, um eine verrückte Idee umzusetzen und eine krasse Szene zu fotografieren, vor authentischem Hintergrund. Aber von diesem Land wussten wir nichts, als dass da ein Fluss ist, ein gelber, der 'Huáng Hé' heißt. Und, wenn wir ehrlich sind, viel mehr wissen wir immer noch nicht. Eines, immerhin, ist mir inzwischen klar: dass das hier nicht unser Publikum ist. Ich habe keine Lust mehr, hier solche Scherze zu machen. Du hast es gehört: Hier, gerade in der Stadt, in der wir jetzt angekommen sind, werden heute ein Dutzend oder mehr Typen in einem Schauprozess verurteilt und hingerichtet. In diesem Land herrscht ein anderes Klima als dort, wo wir herkommen. Die brauchen uns hier nicht. Wir sollten zurückfliegen, und zwar besser gestern als morgen. Ja, das ist mein Ernst.

FRIEDERIKE *(nach einer Pause der Fassungslosigkeit)*. Das... – das fällt dir *jetzt* ein! Jetzt, wo wir hier sind.

ROBERT. Es fällt mir spät ein, ja, aber besser spät als zu spät. Freddy, du kannst in die Themse springen, in die Seine oder den Tiber. Aber nicht hier in diesen Fluss, in diesem Land, zu dieser Zeit. Hier passt die Ästhetik nicht. Hier kannst du dich nicht ausleben. Die sind hier nicht locker, die haben hier kein Verständnis für uns.

Friederike begibt sich langsam an das zweite Fenster und stützt sich, ebenso wie Robert, an der Fensterbank ab. Beide sind enttäuscht, starren schweigend, mit dem Rücken zum Publikum, hinaus in den Regen.

GABRIELE *(auf den Regen anspielend).* Es scheint, wir hätten uns einen ungünstigen Augenblick ausgesucht, um in Nord-Ostchina einzutreffen.

JOSHUA. Ich habe inzwischen kein Gefühl mehr für Zeit und Raum. Offenbar sind wir planmäßig an Ort und Stelle eingetroffen, aber für mich könnte es überall und zu jeder Zeit sein.

FRIEDERIKE *(blickt weiter aus dem Fenster).* Zwei Tage sind vergangen, seit wir gestartet sind.

ROBERT *(dreht sich um).* Es ist kalt in diesem Raum.

JOSHUA. Ja, dieser Raum ist kalt. Aber lassen wir uns nicht niederdrücken. Die Fenster und Türen sind jetzt endlich offen, und wir können jederzeit heraus. Ich für meinen Teil spürte während der Flüge starken Druck im Kopf, dieser Druck ist jetzt weg.

ROBERT. Schön für Sie.

GABRIELE. Schön für uns alle, dass wir wohlbehalten angekommen sind. – Welche Tageszeit ist es hier? Nachmittag? *(Sie blickt auf ihre Armbanduhr.)* Fünfzehn Uhr. Sobald der Regen nachlässt, wird es auch heller werden. Für unsere Körper aber ist es acht Uhr früh, und wir haben vergangene Nacht kaum geschlafen. Ich spüre, diese Reise hat mich schon jetzt enorme Kraft gekostet. Ich bin hundemüde.

JOSHUA. Hätte unser Flug aus Europa hunderte Menschen an Bord gehabt, dann wäre diese Reise anders verlaufen.

GABRIELE. Wir wären uns kaum so nahe gekommen. – Joshua, Ihnen geht es jetzt besser als zu Beginn der Reise?

ROBERT *(trocken, aber nicht unbedingt spöttisch).* Wer eine Pilgerreise macht, darf auf eine wundersame Heilung hoffen.

FIELDER *(nicht minder trocken).* Pilgerreise? Sind wir jetzt am Huáng Hé, oder sind wir am Jordan?

JOSHUA. Ob hier oder da. Ob am Hudson oder an der Wolga. Ob ihr eure Sprüche ernst meint oder nicht, ist mir einerlei. *(Er nimmt jetzt wieder sein dunkle Brille ab, betrachtet sie kurz und hält sie fortan in der Hand.)* Das Licht ist hier längst nicht so grell. Meine Sinne sind durcheinander, aber in mir macht sich ein eigenartiges Gefühl breit. Meine Zweifel sind fort. Und obwohl auch an diesem Ort grausame Taten geschehen, empfinde ich Freude und Glück, hier zu sein. *(Er blickt sich um. Zu den anderen Reisenden:)* Ich danke euch allen. *(Er geht auf Gabriele zu, umarmt sie stumm, dann geht er weiter zu Isabel und Agnes.)* Danke, dass ihr mich aufgefangen habt.

AGNES *(gerührt).* Es ist gut, Joshua.

ISABEL *(entspannt die sentimentale Situation)*. Josh Simjamin! Ich sag's meiner Mom in New Jersey! Ich sag's ihr, und Sie werden zurückkehren und von sich hören lassen!

GABRIELE. Joshua, Sie haben sich seit gestern stark verändert.

JOSHUA *(sinnierend)*. Diese Welt – man kann sich an ihren Widersprüchen und Turbulenzen abstoßen und befremden. Ebenso gut aber kann man mit Vergnügen auf immer neue Überraschungen warten und über alles staunen, wofür man keine Erklärung hat.

GABRIELE *(froh)*. Sie sind wieder auf Ihrem Weg!

JOSHUA *(in einem Gedankensprung)*. Mich belastet, wie ich mich während des Flugs nach Kanton Ihnen gegenüber verhalten habe.

GABRIELE *(beschwichtigend)*. Ich bin Ihnen auf die Nerven gegangen.

JOSHUA. Ich... hatte zu reden verlernt. Ich hatte verlernt zuzuhören.

In dieser Sekunde erreicht das erste Gepäckstück den Ankunftsraum: Es wurde von draußen rechts einfach durch die Wandöffnung hineingestoßen, rutscht eine kurze Strecke über den Boden, kommt dann zum Stillstand.

GABRIELE. Ist das Ihr Koffer, Joshua?

JOSHUA. Nein; ich – habe kein Gepäck mitgenommen.

FIELDER *(hat einen Blick auf das Namenskärtchen am Koffer geworfen; zu Fischer, der apathisch an der Wand lehnt)*. Es ist Ihrer, Herr Fischer. *(Fischer reagiert träge.)* Er ist ganz nass.

Jim Fischer bewegt sich, mühsam das Gleichgewicht haltend, dem Koffer zu. Sein Handgepäck, nämlich den Aktenkoffer, lässt er an der Wand stehen.

FISCHER *(vor Übelkeit stotternd)*. Der muss... – auf dem Rollfeld herumgestanden haben.

FIELDER *(schreitet auf die Wandöffnung zu, bückt sich; ruft mit geballter Faust nach draußen)*. Wehe, auch mein Gepäck ist nass geworden! *(Er wendet sich den Mitgereisten zu:)* Ist etwa unsere Ankunft im regionalen Wirtschaftsplan nicht vorgesehen? – Unsere Mühle war das einzige Flugzeug, das hier in der letzten halben Stunde gelandet ist, aber gemessen an der Wartezeit auf unser Gepäck scheint dies ein überlasteter internationaler Verkehrsflughafen zu sein.

ISABEL. Ist es schlimm, wenn dein Koffer nass ist? Und hast du es denn so eilig?

FIELDER *(einsichtig)*. Nein. Eigentlich nicht.

Unterdessen hat sich Jim Fischer den Koffer gegriffen und ist beschwerlichen Schritts zwei Meter in Richtung Ausgang gegangen. Da stellt er den Koffer nochmals ab und dreht sich zu den anderen um.

FISCHER *(schwerfällig)*. Ich werde mich nun von Ihnen verabschieden. Es – hat mich gefreut, Ihre Bekanntschaft zu machen. *(Er dreht sich nachdenklich ab.)*

DUDAS *(in leisem Ton)*. Moment noch, Fischer. *(Er geht ihm nach. Fischer hält nochmals inne.)* Was haben Sie denn jetzt vor, in Ihrem Zustand?

FISCHER. Ich werde mir ein Hotel suchen.

DUDAS. Hier werden Sie kaum ein internationales Hotel finden.

FISCHER. Dann eine Parkbank. Es ist mir alles egal. *(Er schlurft die Tür hinaus.)*

DUDAS *(ruft hinterher).* Sie brauchen eine Arbeit, Fischer! Eine Aufgabe!

FISCHER *(der bereits nicht mehr sichtbar ist).* Morgen. Morgen werde ich in Hongkong anrufen. Bei meiner Firma. Fragen, ob die doch noch Verwendung für einen Idioten haben. *(fern:)* Ich Idiot. Warum musste ich zu denken beginnen? Warum soll ich denken, wo es sonst keiner tut?

Dudas blickt ihm zunächst nach, geht dann in die Mitte des Raumes zurück.

ISABEL *(zu Dudas).* Hoffentlich kann er die Geschichte rasch verarbeiten.

DUDAS *(grübelnd).* Es wird in diesen Teil der Welt bald eine gewisse Normalität zurückkehren. Ein Massaker zur Abschreckung, ein paar Tausend Verhaftungen, ein paar Dutzend eilig vollstreckte Todesurteile *(Isabel erschaudert)*, um sodann wieder zur Tagesordnung überzugehen – das scheint das Konzept zu sein. Wir zucken kurz zusammen, sind empört, schreien auf – und fügen uns dann doch. Wir arbeiten das Abscheuliche ein in unseren Alltag, akzeptieren es als einen Umstand, den man nicht ändern, mit dem man sich nur arrangieren kann. *(undeutlich an Gabriele und Joshua, aber mehr noch an sich selbst gerichtet:)* Ich werde über Ihre Worte nachdenken. *(nur noch für sich:)* Dass ich falschen Journalismus betreibe... – Sie haben mich tief verletzt. Aber mit dem Vorwurf werde ich mich auseinandersetzen... Vielleicht auch muss ich meinen Stil überdenken...

Gabriele, Joshua, Agnes, Isabel sehen einen alten Mann, der sich schwer tut, von seiner überhöhten Selbsteinschätzung auch nur ein Stückchen abzurücken. Doch es ist offensichtlich, dass ihn die vergangenen Stunden quälend beschäftigen.

Eben ist ein zweiter Koffer in den Fluggastraum gestoßen worden. Es ist ein kleiner, leichter Damenkoffer.

AGNES. Ist das dein Koffer, Isabel?

Isabel betrachtet den Koffer und nickt. Bevor sie hingeht, tritt sie sehr langsam, aber tapfer und tatkräftig zu Gabriele, Agnes und Joshua.

ISABEL. Dann trennen sich jetzt wohl wirklich unsere Wege....

AGNES *(rasch)*. – komm doch mit mir, Isabel! *(nachdenklich:)* Dieses Land ist nicht, wie wir uns vorgestellt hatten. Es ist erschütternd, oder vielleicht auch nur anders...

ISABEL *(zögerlich)*. .... nein .....

GABRIELE *(vorsichtig)*. – oder wenn Sie *mich* ein paar Tage begleiten wollen...

ISABEL. Vielen Dank. Aber ich muss allein...

AGNES *(überrascht)*. Aber was willst du denn jetzt –

ISABEL *(fest)*. Ich suche Liu, meinen Helden!

AGNES. Wie? Wo?

ISABEL *(ruhig)*. Ich glaube, ich habe mich im Flugzeug vorhin doch getäuscht. Die Stimme im Radio war nicht die Stimme meines Freundes.

AGNES *(überfordert)*. Aber... – du warst dir so sicher.

ISABEL. Ich muss mich getäuscht haben. Es war nicht seine Stimme.

AGNES. Und der Mann, den du in Kanton im Fernsehen gesehen hast?

ISABEL *(nach kurzem Schweigen)*. Vielleicht war ich gestern zu aufgewühlt.

AGNES. Dann bist du auch nicht mehr sicher, ob der, den du suchst, Liu Wanbao heißt?

ISABEL *(schulterzuckend, aber gelassen)*. Ich muss es noch herausfinden.

AGNES *(ratlos; zeigt auf die Ausgangstür)*. Du gehst jetzt da hinaus, alleine, um in Jinan nach diesem Menschen zu suchen?

ISABEL *(fest; wie selbstverständlich)*. Ja. Ich möchte weitersuchen. Aber ich werde nichts mehr überstürzen.

Es ergibt sich eine kurze Pause. Dann, plötzlich, meldet sich Joshua zu Wort:

JOSHUA. Ich bin zuversichtlich für Sie, Isabel.

ISABEL *(glücklich; reicht ihm zum Abschied herzlich die Hand)*. Danke, Joshua.

GABRIELE *(mit Blick zu Agnes)*. Wir sind es auch. *(Sie gibt Isabel die Hand.)* Leben Sie wohl. Und finden Sie, was Sie suchen. Gott begleite sie.

ISABEL. Ich werde euch nie vergessen.

Sie wendet sich Agnes zu. Die beiden jungen Frauen blicken sich einige Momente lang stumm an, ehe sie sich spontan in die Arme fallen.

AGNES *(weinselig)*. Leb' wohl, Isa. Ich wünsch' dir alles Gute...

Isabel reißt sich wehmütig los. Eilig, ohne lange zurückzusehen, geht sie dann zu ihrem Koffer. An Fielder richtet sie noch ein knappes Handzeichen des Abschieds, äußert ein kurzes, trauriges "Tschüss", welches dieser leise erwidert. Dann greift sich Isabel ihren Koffer und verschwindet mit entschlossenen Schritten durch die Ausgangstür.

AGNES *(nach einiger Stille)*. Ich bin total ergriffen.

JOSHUA *(kurz darauf)*. Was für eine erstaunliche Frau.

GABRIELE. Sie war so erfrischend.

AGNES. Hoffentlich wird sie nicht enttäuscht.

Von all dem ungerührt haben Friederike und Robert die ganze Zeit über durch die Fenster hinausgestarrt.

FRIEDERIKE. Da hinten wird's klar. Da ist blauer Himmel.

ROBERT. Fängst du schon wieder an?

FRIEDERIKE. Nein. War nur eine Bemerkung.

ROBERT *(nachdenklich)*. Wir hätten deinen Eltern die Wahrheit sagen sollen, wo wir hinfliegen.

FRIEDERIKE. Ach, ob ich jetzt in Saint-Tropez oder in Peking bin, das ist doch denen egal.

ROBERT *(selbstkritisch)*. Und uns? Sind diese Orte für uns hohle, austauschbare Kulissen?

FRIEDERIKE *(dumm)*. Meinst du, all die Models aus den Modezeitschriften kümmern sich drum, ob sie jetzt gerade auf dem Eiffelturm oder in einer Hütte am Amazonas fotografiert werden? – Die lassen sich da hinfliegen, posieren, wie man's ihnen sagt, und dann Bye-bye, dann fliegen sie weiter zum nächsten Shooting.

ROBERT. Du willst immer noch nicht wissen, wo du bist und wie du da hineinpasst?

FRIEDERIKE. Ach, irgendwie ist doch alles gleich. Nur dass die Namen anders sind. Da, wo wir herkommen, heißen die Flüsse eben nicht 'Huáng Hé'. Gut, und sie schimmern vielleicht in anderen Farben...

ROBERT. Ich sehe inzwischen weit größere Unterschiede.

FRIEDERIKE. Du bist kompliziert geworden, Robert.

Gerade werden kurz nacheinander vier weitere Koffer in den Raum gestoßen. Fielder dreht sich als erster um.

FIELDER *(laut)*. Das sind unsere!

ROBERT *(dreht sich zu den Koffern hin; ruhig)*. Dann wollen wir uns aufmachen.

FIELDER. Wohin?

ROBERT. Ich hab's gesagt. Zurück dorthin, wo wir herkommen.

FRIEDERIKE *(resigniert)*. Wo die Flüsse "Donau" und "Spree" heißen.

Fielder schüttelt zwar den Kopf, fügt sich jedoch ohne Widerrede. Als er seinen Koffer aufnimmt, fällt sein Blick auf den Aktenkoffer, den Fischer an der rechten Wand stehengelassen hat.

FIELDER. Da drüben steht noch Fischers Aktenkoffer. Den sie in Kanton mit Handkantenschlägen geöffnet haben.

FRIEDERIKE. Lass' ihn, wo er ist.

ROBERT *(in versöhnlicher Absicht)*. Warte; ich nehm' ihn mit. Vielleicht sehen wir den Fischer draußen noch.

FRIEDERIKE. Der braucht ihn doch jetzt nicht mehr.

Unbeirrt nimmt Robert seinen eigenen und auch Fischers Koffer und geht damit zum Ausgang. Friederike greift sich ihren Koffer und trottet Robert hinterher. Fielder zögert kurz, eilt dann den beiden mit seinem Koffer nach. Die drei machen sich durch den Ausgang davon. Sie haben vergessen, sich von den Mitgereisten zu verabschieden. Fielder hat außerdem seinen Weltempfänger vergessen: Das Radiogerät bleibt auf dem Boden zurück.

Dudas hat sich während der letzten Minuten auffällig um Gabriele Menck herumgeschlichen. Er scheint etwas von ihr zu wollen.

GABRIELE *(mit Blick auf den letzten der vier Koffer, die vorhin in den Raum geschoben wurden)*. Ist das nicht Ihr Koffer, Herr Dudas?

DUDAS *(abgelenkt)*. Äh – ja. *(nun direkt, aber ungeschickt:)* Frau Menck. Ich, äh... ich überlege... – Halten Sie mich für einen Tor?

GABRIELE *(lacht verwundert auf)*. Wie? Was fragen Sie mich?

DUDAS *(verlegen)*. Sie scheinen von mir den Eindruck gewonnen zu haben, dass ich die Tragödien dieses Landes zu meiner persönlichen Profilierung ausschlachte... – Sie sollen wissen, dass mich das sehr beschäftigt. Ich... – wissen Sie, ich habe meinen Sohn verloren, vor vielen Jahren, während des zweiten Indochinakrieges...

GABRIELE. – ich weiß nicht, was Sie jetzt von mir wollen. – Nein, ich halte Sie für einen scharfsinnigen und respektablen Mann, Herr Dudas.

DUDAS *(auf einmal wieder kühner)*. Meinen Sie, ich muss hier in China meine Stimme erheben? Meinen Sie, ich sollte den jungen Chinesen Wege aufzeigen, wie sie ihre Kräfte ausspielen können?

GABRIELE *(fast mitleidig angesichts der Selbstüberschätzung dieses Mannes)*. Wir eignen uns nicht zu Lehrmeistern der Chinesen, Herr Dudas.

DUDAS *(mit gesenktem Kopf)*. Es ging mir nur um Ihre Meinung...

GABRIELE. Warum trauen Sie den jüngeren Journalisten nicht auch etwas zu? – Wir Älteren müssen einsehen, dass wir mancherorts entbehrlich sind.

DUDAS *(sich sträubend)*. Aber ich – ich habe doch viele Leser. Leser, die darauf warten, dass ich ihnen berichte.

GABRIELE *(nun leicht amüsiert)*. Herr Dudas, ich weiß nicht, warum sich Ihre Bücher gut verkaufen, und wer sie liest. Aber *ich* erwarte von einem Schriftsteller, dass er hinter seine Werke zurücktritt, um der Sache zu dienen. Andererseits erwarte ich von einem Journalisten, dass er vortritt und sich mutig stellt, wo es erforderlich ist.

DUDAS *(haltlos, Rat suchend)*. Aber... – wenn ich heute hier laut protestiere, darf ich mich ab morgen nicht mehr frei bewegen...

GABRIELE *(kühl)*. Ja, Albert, ich weiß, aber ich kann diesen Konflikt nicht für Sie lösen.

Dudas nickt geschlagen, schlurft dann gesenkten Kopfes zu seinem Koffer, hebt ihn auf und bewegt sich dem Ausgang zu. Draußen wird der Regen schwächer.

DUDAS *(murmelnd)*. Diese strapaziöse Reise. Früher bin ich ständig geflogen; von London nach Nepal, von Moskau nach Saigon, Korea, Hanoi und immer wieder nach Peking. Die Reisen dauerten Tage, es waren unruhige, gefährliche, kalte Flüge in Fracht- oder Militärflugzeugen, mit unvorhergesehenen Zwischenstopps in Indien oder Kambodscha. So vieles hat sich geändert, und doch ist es nicht einfacher geworden. Ich bin alt, ich bin erschöpft. Ich bin den weiten Reisen nicht mehr gewachsen. *(Er dreht sich nochmals den anderen zu.)* Ich wünsche Ihnen einen angenehmen Aufenthalt. *(Er geht ab durch den Ausgang.)*

AGNES *(zu Gabriele)*. Jetzt haben Sie ihm wehgetan.

GABRIELE. Ich wollte ihm offen antworten.

JOSHUA. Mir schien, als wolle er Sie als Reisebegleiterin gewinnen. Er wirkte einsam.

AGNES. Was haben Sie nun hier vor, Frau Menck?

GABRIELE *(lächelnd)*. Selbstverständlich will ich den Gelben Fluss aufsuchen. Ich möchte mich ein wenig treiben lassen, um Kraft zu schöpfen. Danach will ich versuchen, wieder gegen die Strömung anzukämpfen.

AGNES. Sie wollen bald nach Europa zurückkehren?

Gabrieles Koffer wird in den Raum gestoßen. Ihre Augen richten sich auf das nasse Gepäckstück.

GABRIELE *(reflektierend)*. Bis gestern hätte ich diesem Gedanken wenig abgewinnen können. Zehntausend Kilometer, fast um die halbe Welt habe ich fliegen müssen, um zu erkennen, dass ich mich von meiner Heimat, meinem Ehemann, meinen Kindern nicht radikal lösen will. *(Sie lacht:)* Natürlich nicht. So tief kann man überhaupt nicht gekränkt werden. Ja, ich werde zurückkehren. Vielleicht in vier, vielleicht in acht Wochen. Ich freue mich darauf. *(Sie macht eine kurze Pause.)* Aber zunächst will ich mich mit diesem Land bekannt machen: Ich will die fremde Lebensform kennenlernen; die einfache Arbeit der Bauern, den überschaubaren Handel der Kaufleute. Mein Ideal ist eine Welt, in der jeder noch versteht, was er tut. Ich will sehen, was davon hier verwirklicht ist. Und wenn ich aber mit Elend konfrontiert werde, dann will ich die Augen nicht verschließen.

Sie macht eine entschlossene Kopfbewegung, geht dann auf ihren Koffer zu. Joshua nähert sich ihr und hält sie auf.

JOSHUA *(bewegt)*. Sie waren mir eine große Hilfe.

Er verabschiedet sich mit einem langen Händedruck. Dann tritt er zurück.

AGNES. Leben Sie wohl, Frau Menck.

GABRIELE. Leben Sie beide wohl. *(Sie greift ihren Koffer. Im Hinausgehen:)* Danken Sie Gott für jeden Augenblick Ihres Lebens. Jeder liebend empfundene Augenblick ist ein Augenblick des ewigen Glücks.

Im Türrahmen bleibt die Frau ein letztes Mal stehen, winkt freundlich zurück, geht fort.

Jetzt stehen nur noch Joshua und Agnes auf der Bühne. Die beiden starren regungslos, stumm und ergriffen auf die Ausgangstür. Draußen fallen die letzten paar Tropfen Regen auf den Flugplatz. Es ist ziemlich still geworden.

Nach einer Weile beginnt Agnes zu sprechen:

AGNES. Da du kein Gepäck hast, hättest du schon längst hinausgehen können; noch vor den anderen.

JOSHUA *(ernst)*. Ich bin nicht gegangen.

AGNES. Es hat geregnet.

JOSHUA. Ja.

AGNES. Ich müsste müde sein. Nachdem wir heute Nacht ins Hotel zurückgegangen sind, habe ich kaum drei Stunden geschlafen.

JOSHUA. Nur drei Stunden?

AGNES. In meinem Zimmer war ich erst lange wachgelegen, habe über unseren gemeinsamen Abend nachgedacht, über dich und die paar Dinge, die ich von dir wusste. Irgendwann aber bin ich eingeschlafen und hatte einen intensiven, angenehmen Traum. Den möchte ich dir noch erzählen. *(Sie setzt sich auf einen der beiden Stühle)*. In meinem Traum war ich unterwegs hier in China, am Ufer eines Flusses... Es war Winter, und die Wiesen und Felder am Fluss waren mit Schnee bedeckt. Ich kam zu einem prächtigen Anwesen, das mit hohen, geraden Hecken eingegrenzt war, und in dessen Mitte ein weißer Palast stand. Der Eingang zu dem Gelände war offen, so konnte ich sehen, dass der Palast von einem gepflegten Park umgeben war. Dieser Park wirkte friedvoll und still, und auch er war mit Schnee bedeckt. Nur eines trat aus diesem ebenmäßigen winterlichen Weiß hervor: eine bronzene Skulptur, aufgestellt auf einem kleinen Sockel links vor dem Palast. Erst wunderte ich mich und zögerte, dann wagte ich mich hinein in den fremden Park und näherte mich vorsichtig dieser Skulptur. Ich blickte mich um: Außer mir schien niemand hier zu sein. Ich streckte meine Hände aus und berührte die Bronzeplastik. Sie war so zart, so weich, so warm, dass ich es nicht verstehen konnte. Ich lehnte schließlich meinen Kopf an sie an. Sie war wie lebendig. *(Agnes steht auf und geht zu einem der Fenster. Sie sieht, dass der Regen ganz aufgehört hat.)* Dabei wurde ich ertappt. *(Joshua blickt Agnes an.)* Ich erschrak heftig, aber der Mann – es war der Hausherr des Palastes – stellte mich nicht zur Rede. Vielmehr war er freundlich, beruhigte mich. Er schien geschmeichelt von meinem Interesse an der Figur. Er war stolz, ich sah es, er war stolz auf diese Figur in seinem Park. *(Sie macht eine Pause, dreht sich dann zu Joshua um.)* Welches Objekt habe ich wohl in meinem Traum gefunden?

Joshua dreht sich fasziniert und ungläubig Agnes zu.

AGNES. Die Wasserwelle, die sich um einen Menschen schmiegt. Die Bronzeplastik, die mich bereits im Kunstmuseum in Brüssel angesprochen hat.

JOSHUA. Ich erinnere mich... Ja. Ich habe nie erfahren, wer diese Arbeit gekauft hat...

AGNES. So vieles ist ungewiss. Was wächst aus unseren Worten und Taten? Wo steht deine Arbeit heute? Wird sie geschätzt, bereitet sie Freude? Wer weiß, wo *du* heute bist? Was aus uns hier werden wird?

JOSHUA. Ich erinnere mich an den Titel, den ich dieser Arbeit gegeben hatte.

AGNES *(höchst interessiert)*. Dann sag!

JOSHUA. Ich nannte sie "Die höchste Güte ist wie das Wasser", nach einem Spruch aus dem Tao Te King. Vielleicht hatte ich es verdrängt, jetzt erinnere ich mich: Als ich an der Figur gearbeitet habe, war ich sehr glücklich gewesen. Ich habe damals gespürt, dass ich nicht alleine bin. Sondern dass ich getragen werde: vom Stein, auf dem ich stehe, aber auch von unsichtbaren Kräften, die mich umgeben. Und ich spüre es jetzt wieder.

AGNES. Das klingt wunderbar.

Nochmals ergibt sich eine kurze Stille. Dann geht Joshua hinüber zum Abfalleimer und legt dort ruhig seine Brille hinein.

AGNES. Was hast du jetzt vor?

JOSHUA. Ich weiß, in dieser Gegend gibt es jenen grünen chinesischen Granit, den ich gerne noch in meinen Garten integriert hätte. Da das nicht möglich war, gehe ich hier hinaus, wandere am Fluss und stelle mir vor, dass das Wasser, welches über hiesiges Gestein fließt, das gleiche ist wie jenes Wasser, das durch die Bachläufe im Central Park fließt. – Was wir mit unseren Augen sehen, ist eng und klein, unvollkommen und begrenzt. Unsere Gedanken aber können alles dies überwinden. Ich stelle mir einen Garten der Kontinente vor, mit Bergen und Tälern, Flüssen und Seen, wo sich Sonne und Regen munter abwechseln, wo Natur und Seele im Gleichgewicht sind und die Regionen der Erde jeweils nur einen Schritt entfernt. *(Er schließt die Augen, streckt die Arme weit aus).*

AGNES. Und, was siehst du jetzt?

JOSHUA *(scherzhaft).* Einen See mit edelsteinklarem Wasser. Auf seinem Grund glänzen grüne Pflanzen, an seinem Ufer strahlen Bäume mit goldenen Früchten.

AGNES *(schmunzelnd).* Dann lass uns jetzt hinausgehen. Ich kann dich ein Stück begleiten... Geben wir aufeinander acht, dass uns kein Unglück passiert, wenn wir aus unseren Träumen erwachen!

Joshua blickt Agnes an. Sie nickt ihm ermunternd zu. Erst wirkt er leicht verwirrt, danach erleichtert. Nun geht er entschlossen zu Agnes Benings Koffer und greift ihn auf. Agnes beobachtet ihn dabei mit einem amüsierten Lächeln. Joshua trägt den Koffer mit der einen Hand, geht auf Agnes zu, führt dann die junge Frau mit der anderen Hand dem Ausgang zu. Im Türrahmen blickt Joshua sich nochmals um. Schließlich zieht ihn Agnes nach draußen fort.

Jetzt ist die Bühne menschenleer. Nur Fielders Weltempfänger ist auf dem Boden zurückgeblieben, und die beiden Holzstühle, die willkürlich an der linken Wand stehen.

www.ingramcontent.com/pod-product-compliance
Lightning Source LLC
Chambersburg PA
CBHW031621210526
45464CB00004B/1690